U0024127

最是文人不自由

——周宗奇叛逆性格寫

一個特立獨行的作家　一部靈魂自我救贖的作品

陳為人　著

● 1963年上大學前的周宗奇

● 1972年周宗奇處女作〈明天〉
發表於《山西日報》

● 1973年周宗奇與母親

● 1974年周宗奇〈一把火〉
在《解放軍文藝》發表

● 1980年代周宗奇與作者陳為人

● 1987年1月周宗奇與雷達在家中客廳

● 1988年8月周宗奇與蘇曉康在晉城第一山林場

● 1988年10月周宗奇與文友鍾道新（右二）、成一（右三）、蔣韻（左二）、
韓石山（左一）攝於寧武蘆牙山。

● 1999年9月周宗奇（左）與胡正（右）在作協大院

● 2006年春節周宗奇夫婦在太原招待洋女婿里克

● 2008年周宗奇與兒子、孫子

● 2008年4月22日周宗奇與作者陳為人（左一）、張石山（右一）攝於華山

● 2008年周宗奇與書法家林鵬先生

● 周宗奇四十初度

● 周宗奇與在霍縣煤礦場時的住所

● 周宗奇與韓石山（中）、張銳峰（左一）

● 周宗奇決意著手寫《文字獄》

● 周宗奇三代七口之家

● 周宗奇與恩師馬峰夫婦

● 周宗奇與柯雲路（中）夫婦

● 周宗奇與李國濤（中）在中國作協五代會期間攝於人民大會堂

● 周宗奇與張平（左一）、楊占平（右一）

● 周宗奇與何西來（右二）、李銳（左二）、成一（左一）合影於桃園飯店

● 周宗奇的部分著作

● 周宗奇與李存葆（左一）

● 周宗奇與陳丹晨（左）、韓小惠（右）
合影於海南天涯海角

● 周宗奇與康濯先生在五臺山佛光寺

序　我所瞭解的陳為人和周宗奇

丁東

　　為人兄讓我為他的周宗奇傳寫序，我不能推辭。因為作者和傳主都是我的朋友。

　　我和周宗奇相識已經三十多年。1976年底，山西省成立批判四人幫寫作組，我和周宗奇都在其中的文藝組，在山西省委黨校比鄰而居一月有餘。當時就感覺老周身上有一股豪氣。

　　我認識陳為人晚得多，但我的妻子邢小群和陳為人是三十多年前的老同學，所以早就知道他的名字。2002年，陳為人準備啟動《唐達成文壇風雨五十年》一書的寫作，來北京採訪知情人。某天，他給我和邢小群打來電話，要我們談談對唐達成的印象，並徵求我們對傳記寫法的建議。此前我已經看過陳為人在《黃河》上發表的回憶唐達成的文章，印象不錯，但我還是向他坦率直言，要寫就寫真實的唐達成，寫出唐達成命運背後的東西來，並建議參考陳徒手的《人有病，天知否？》。其實，當時我對陳為人的寫作計畫沒敢抱太高的期望。我不知道他與唐達成的關係深到什麼程度，也不知道他對當今傳記寫作乃至整個思想文化的發展把握到什麼程度。

　　2003年夏天，正在蒙特利爾女兒家探親的陳為人，給我發來了書稿的前六章。幾十萬字，我是在電腦前一氣讀完的。我預感，這本書不是一般的成功，而是非常成功！當即給他回信，希望他一

鼓作氣，趕緊完成。接著，陳為人又用了一年多的時間，不但完成了初稿，又反覆推敲，改出二稿、三稿、四稿、五稿。一部沉甸甸的大作，終於殺青。我認為，此書達到了目前中國當代作家傳記的最高水準。它視野開闊、材料詳實、思想銳利、感情飽滿、文筆流暢，對當代中國政治和文學關係的複雜肌理的透視，對八十年代中國文壇高層人際關係和心理氛圍的挖掘，都超越了前人。我相信，此書將成為研究中國當代文學史難以繞過的必讀書籍。

然而，此書的出版並不順利，不但在國內聯繫了多家出版社都功虧一簣，原先答應在海外尋求出版的唐先生的哥哥也表示為難。最後，我將其推薦給了在美國定居的朋友王笑梅。她經營一家小型中文出版機構——溪流出版社。收到我轉去的書稿之後，她慨然同意出版。此書問世後，在海內外華人知識份子中備受稱讚。陳為人也從一個小說作家，踏上了傳記寫作的快車道。

陳為人為唐達成立傳之所以成功，我概括了六個原因：

其一，陳為人與傳主唐達成的關係非同一般，在唐達成的朋友中，或許沒有第二人。陳為人稱唐達成為唐師傅，稱其夫人馬中行為馬師傅。這是工廠裏習慣的稱謂。當年，作為文學青年的陳為人，是在唐達成最落魄的時候拜他為師、成為他身邊幾位追隨者之一的。試想，身為檢修工、勤雜工，有時還要當運屍工的唐達成，身邊有人向他討教文學，不正是給了他一線人生意義的希望？正是在唐達成的指導下，七十年代，陳為人發表了一些作品，太原市推薦他上了山西大學的工人作家班。陳為人與唐達成一直保持著無間的師生、朋友之情。他目擊了唐達成從大落到大起的全部過程。他不只是近距離的目擊者，甚至因為常常是唐達成的傾訴對象，而成為他生活的參與者。陳為人是有心人，無論出於學生對老師求教的

心理，還是出於對朋友間傾訴的珍惜，或是出於對高位狀態下唐達成心態的研究，他總很快地把與唐達成談話的內容記下來。這樣，當他揣摩分析唐達成時，也有了可靠的依據。唐達成為人的真純也在這裏，他沒有因為時過境遷的騰達，疏遠昔日的朋友。而陳為人，或是其他人，如果在唐達成登上高位後再與他相識，已不可能建立如此深厚的交情。

其二，陳為人是從山西省作協秘書長位置上退下來的。若說唐達成曾是中國的高層文藝官員，陳為人也當過中層的文藝官員。沒有在文藝界從政的親身體驗，很難深切地體會到官場的遊戲規則、文藝體制的微妙和人際關係的複雜；也很難深切地體會唐達成內心的苦悶、躊躇和選擇的無奈。由文人而文化官員，是某些作家夢寐以求的人生目標。沒有嘗過官員滋味的，可能總想嘗一嘗。唐達成和陳為人，都嘗過了其中的酸甜苦辣，也就有了驀然回首的反省。陳為人從官位上退下來以後，想重新提筆。先是動手寫長篇小說，後來又決定放下未完的小說，寫唐達成傳。他追溯唐達成的心路歷程，何嘗不是重溫自己的心路歷程呢？先做這件事，無疑更有挑戰性，也更有魅力。他寫唐達成，其實也是在寫他自己。

其三，陳為人的寫作動機比較純粹。現在的作家傳記研究，有幾種動機。有的是學位論文，有的是某一級別的科研專案，有的是受作家本人或親屬的囑託，有的是出版社的約稿或文化公司的策劃。而陳為人寫唐達成傳，不同於其中的任何一項。他完全是受到內心的驅使。沒有一個機構給他提供一分錢的經費。他為了完成採訪活動，自己投入了幾萬元的旅差費。為了節省旅費，他住在馬中行家，妻子對他非常理解，給他做飯，並錄製資料，全力支援他寫作。人說，知識份子的意義莫過於立功、立德、立言。我想，此書

的寫作動機也可歸之為「立言」二字。他不僅僅是寫唐達成，也是審視幾十年來，在體制下的文化人的命運和精神。這種動機，使他決意不受外在干擾，一鼓作氣，一吐為快，吐罷方休。

其四，陳為人選擇了一條明智的研究路徑。中國的當代作家傳記乃至整個當代文學研究，有一種重文本而輕人本、重作品而輕社會的偏向。寫唐達成的傳記，如果把研究重心放在唐達成已經公開發表的作品上，至多只能看到冰山浮出水面的一個尖頂。陳為人沒有止步冰山尖頂的描述，他把更大的氣力投入到水面之下的挖掘。如何挖掘？陳為人從兩個方面著手。一是檔案。現在雖無法查閱官方檔案，但唐達成留下了他的私人檔案，他家保存了一批文件、手稿、書信、筆記和日記，馬中行和唐大年也向陳為人開放了自己的日記、筆記，再加上張光年日記等同代人的出版物，這就使陳為人獲得了大量的第一手史料。二是口述歷史。這是本書最有特色的一個方面。陳為人為了寫這部傳記，到北京、上海採訪了七十幾位與唐達成有過交往的同事、朋友、當事人，即包括和唐達成關係友好的人，也包括和唐達成發生過衝突和摩擦的人。得天獨厚的資料佔有，使陳為人的傳記成功了大半。因為我們這些想明白文藝界內情的人，往往看原始資料的心情更為迫切。從那些口述人的語氣、措詞中，都可以品出百般況味來。中國的當代作家傳記，通行的寫法都是以時間為經、作品為緯，敘述作家的生平故事和創作成就。即使講一點作家的局限，往往避重就輕。而陳為人寫唐達成，卻跳出了俗套。他無意溢美傳主，而是截取傳主經歷的幾次重大政治運動，以傳主命運的跌宕為線索，輻射半個世紀波譎雲詭的歷史風雲，追求一種大人生的敘述。

　　其五，陳為人廣泛吸收當今思想界的文化資源。他為了寫這部書，買了很多書、看了很多書，涉及文學、歷史、哲學、政治、心理、社會諸多領域。陳為人是小說作家出身。如今的小說家，許多人都有一種知識自足感，不屑於關注思想文化領域的新知。陳為人年近耳順，卻仍然保持著求知的渴望。史學意義上的人物傳記，有別於文學意義上的傳記體小說。一般來說，寫慣了小說的人，從事史學範疇的傳記寫作有利有弊。利是文筆生動，富有激情、不呆板；弊是容易襲用小說的虛構手法，失去了史筆的真實。在這本書中，陳為人發揮了小說家的長處，也避免了短處。在他敘述的過程中，你能體會到作者內在的激情，卻沒有輕率地主觀虛構。

　　其六，陳為人在這部傳記的寫作過程中，集思廣益。我不知道他先後徵求過多少人的意見。光我親歷過的討論，就有兩次。有一次在馬中行家裏，我和崔衛平意見相左，爭得面紅耳赤，只好又請張鳳珠參與進來，才取得一點共識。陳為人吸收大家的意見，絕不是隨波逐流。關鍵之處，他是堅持主見的。在社會上，唐達成的基本角色是文藝評論家。陳為人為唐達成立傳，在這方面卻沒有過譽之詞。他對唐達成文藝評論方面的成就，評價有所保留。這一點引起了馬中行的不快。書稿出來後，馬中行甚至一度後悔：我這麼支持你寫作，你卻這樣評價作為批評家的唐達成？陳為人和馬中行為此發生了爭執。作為妻子，希望別人對丈夫的評價更高一些，也是人之常情。但身為作者，為了遷就親屬的情緒，如果無原則地拔高，就不值得稱道了。好在不久，看過書稿的陳丹晨來到馬中行家，誠懇地對她說：「這本書，水平遠在我新出的巴金傳之上。老唐很幸運，交了個好朋友。」

　　陳為人寫周宗奇傳，沿續了唐達成傳的路徑。他和周宗奇，也有長達三十年以上的密切交往，他也進行了大量的採訪，敘述的重心，也是人本而非文本。但此傳還有一個突出的特色，就是加重了有關「六四」的篇幅。如果說，陳為人在《唐達成文壇風雨五十年》中，細緻入微地展示一個文人兼高級官員的「六四」前後的心路歷程，這本周宗奇傳則濃墨重彩地展示了一個文人兼中級官員「六四」前後的心路歷程。周宗奇是作家，也是山西省作家協會的副主席、黨組成員，他和唐達成的共同點是，兼文人與文化官員的角色於一身，不同點是唐達成捲入「八九」風波還有幾分被動，而周宗奇則更為主動。本書不惜篇幅，展示了傳主當時的日記、聲明和傳主在嚴酷的事變中所表現的勇氣和承擔，並盡可能廣泛地再現了周遭的世態。隨著時間的推移，遺忘的力量日益生效，加上人為的遮蔽，真實地復原那一段歷史的難度越來越大。本書以信史為追求，顯示了一種道義的力量。陳為人選擇周宗奇為之立傳，也可以說是為文學的理想召魂，為人的理想召魂。當今中國大陸文壇，已是各種輕浮的遊戲筆墨匯聚成的汪洋大海，像這樣椎心泣血、直抵靈魂的文字，真是太罕見了！

　　「六四」是當代中國歷史繞不過去的轉捩點，也是當代中國人經歷最慘重的心理重創。這一悲劇，對中國人的心靈和道德產生的深遠後果，怎麼估計也不為過。黃鐘毀棄，瓦缶雷鳴。正直坦蕩的、有公共關懷的、敢於表達愛憎的中國知識份子，以熱情報國始，以慘遭整肅終。依附權貴、投機鑽營、口是心非、爾虞我詐等為士林所不恥的惡劣人格，自此大行其道。胡發雲的小說《如焉》，塑造了一個當代知識份子二重人格的典型——毛子。「六四」後，犬儒主義在中國知識份子中瀰漫，很多八十年代的知

識精英，到九十年代都變成了毛子。毛子化、寵物化、西門慶化、黑社會化，也可以說是當代中國知識人的四化。作為知識界一部分的文學界，因為向權力獻媚有某種方便，甚至在四化路走得更遠。而周宗奇則是文學界不多的異類。他不但在八九年無愧為血性好漢，在其後的十九年中，仍不改初衷，潛心撰寫長篇巨著《中國歷代文字獄》，寄託自己絕不向專制妥協的心志。現在，雖然他已經從中年步入晚境，但風骨依舊，贏得了周圍朋友的敬意。

陳為人與周宗奇是好友，但他對好友也不是一味溢美。一如他絕不放棄對唐達成精神局限的探討，他也要尋找周宗奇的精神局限。作家和傳主的朋友關係，只有成為諍友，才不會流於庸俗。

本書將在臺灣首先出版。臺灣的讀者可能並不熟悉作為作家的周宗奇，但想瞭解當今中國大陸文學界的生態，本書可謂見微而知著的絕好切入點。大陸作家賴以生存的政治環境和社會環境，在這裏可以得到淋漓盡致的感受。

目次

「政治」一詞引出的文人話題

在一次酒宴上，劉羣說周宗奇：「你是個搞政治的。」周宗奇幾乎是不加思索地回應一句；「我要是搞政治的，還能輪到你坐這把交椅嗎？」

劉羣是省委派來接替焦祖堯擔任山西省作家協會的黨組書記。劉羣執政不到四年，作協大院的人已經公認：「劉羣是個搞政治的。」人眼如鏡，劉羣後來果真又從「邊緣化」的作協黨組書記，跳槽為權力中心的省直工委書記。這種「回流」現象，在作協歷史上可謂空前絕後。

周宗奇快人快語，口無遮攔。他的回答頗能凸顯他的個性。在極講含蓄、極講分寸感的中國官場，有他這樣說話的嗎？有句名言：「性格決定命運。」這句話用在周宗奇身上，是再貼切不過了。周宗奇「成」也因著他的個性，「敗」也敗在他的個性上。

對話往往是一種思想碰撞，驀然間迸射出火花。

這是政治家和文學家的碰撞；這是成功者與失敗者的碰撞；這是「代言人」和「多餘人」的碰撞；這是「主流話語」和「假語村言」的碰撞（周宗奇曾發表中篇小說《假語村言》）。

兩人的對話，是饒富趣味而又耐人尋味的。

「接班人之歌」的序曲部分

周宗奇是最早一批調入省作協的中青年作家。當年，文聯在文革中被「砸爛」尚未恢復，臨時叫做「山西省文藝工作室」。馬烽是剛剛組建的山西省文藝工作室的黨支部書記和主要負責人。

大家都記得，馬烽曾當眾講過：「周宗奇不僅小說寫得好，人品也很好。我們是要讓他擔負一點領導工作的！」

馬烽曾在不止一個場合說過類似的話。

說話聽聲，鑼鼓聽音。從馬烽的話中，人們聽出了其中的含義。

當年，我也正借調至《汾水》編輯部。「文革」剛剛結束，人們仍心有餘悸，不敢恢復《火花》而改名《汾水》，大概有「水火不容」的涵義。在我的記憶中，周宗奇是人們議論的一個話題，內容就包含上述傳言和對其人的傳聞。周宗奇當時如日中天、名頭正響。周宗奇、從維熙、謝俊傑共同署名，在《山西日報》副刊版連續發表了好幾篇七八千字的小說，周宗奇的名字赫然排在第一位。與此同時，在省外乃至全國性刊物，周宗奇的名字也不斷地闖入人們的眼簾。

那時，我們幾個借調人員都在同一個鍋灶，吃著據說曾做過喬家大院廚師的范師傅的刀削麵。借調數月，對於周宗奇，我只聞其名，未見其人，直到我借調期快結束時，有一天，周宗奇也拿了個大碗公來和我們一起吃刀削麵。范師傅一人削不過來，我們敬讓他先盛，他躲在後面，笑著說：「我吃得多，你們先來，你們先來。」周宗奇一米八的個頭，胃口奇大，那頓飯他吃了滿滿的

三大碗公。記得我和他談話中用了「深居簡出」一詞，表達的是我「只聞其名，未謀其面」的感受。周宗奇笑了，未置一詞，笑得我心虛，是否用詞不當？熟悉周宗奇後才知道，這個詞用在周宗奇身上，真是「驢頭不對馬嘴」。周宗奇不是個在象牙塔中坐得住的人。用他的話說：「我可愛到外面瘋跑。」

在我們借調的那段時間，馬烽有意識地讓孫謙帶了周宗奇到各地煤礦場去體驗生活，盡快搞出一部電影來。當年頗時行「以老帶新」，其中所傳遞出的資訊當然是明確無誤的。

張石山在他的《穿越——文壇行走三十年》一書中有這樣一段記載：

> 但一個礦工，就算發表了幾篇東西，就足以擔任南華門的一點領導職務嗎？那麼，關於馬老所說，要周宗奇擔任領導工作，有什麼深層原因呢？
>
> 據說，有這樣一點背景。
>
> 只是「據說」，所以我在這兒僅止說說而已，不足為憑。
>
> 文革期間，鄧小平出來主持工作的時候，中國出現有限的轉機，解放了不少幹部，所謂革命之外的許多事業有所恢復。幾位老作家回到省城來成立文藝工作室，就是那時的事。
>
> 但緊接著反擊右傾翻案風潮展開，復出的鄧小平竟被再次打倒。各省解放出來重新任職的老幹部也紛紛被打倒，遊街批鬥。比如，山西省省長王謙就是如此。
>
> 形勢急轉直下！剛剛準備恢復工作的省文藝工作室，尚未開展工作，已經再度面臨危機。據說，——主要是這一點據說——馬烽等老同志分析了當下的形勢，決定採取一個緊急應對

措施。造反派不是要打倒老幹部、鼓吹所謂的新生事物，一概提拔、使用青年幹部嗎？那麼，文藝工作室本來就有現成的青年幹部。不是別人，正是周宗奇。老馬他們決定將周宗奇推到領導崗位上，說是和周宗奇已經進行過談話交流。

殊不知「四人幫」一夜之間倒臺，形勢發生了天翻地覆的大變化。

要把周宗奇安插到領導崗位的動議，結果不曾變為現實。

新時期那首「接班人之歌」的長詩，曾撥動了多少人的心弦。富有中華民族特色的「接班人之歌」歷來是充滿變奏複調，充滿詭譎悖論的巴哈的「無限升高的卡農」。

被譽為西方「音樂之父」的巴哈，既是一位鋼琴家，又是一位作曲家。當時的普魯士國王弗里德利希是巴哈的庇護人。國王自己創作了一些樂譜，寄給巴哈。巴哈就在這些樂譜的基礎上，寫出了舉世聞名的《音樂的奉獻》。巴哈在這部作品中，充分運用了形式上的技巧，也就是音樂家們都熟悉的「卡農」技巧。它重複地演奏同一主題，用不同的聲部作簡單的變奏，每個聲部都比前一個聲部延緩一段時間。這種「卡農」最大的特點，就是神不知鬼不覺地進行變調，使得結尾最後能平滑地過渡到開頭。這種首尾相銜的變調，使聽眾有一種不斷增調的感覺。在轉了幾圈之後，聽眾感到離開原來的主旋律已經很遠了，但透過這樣的不斷變奏，竟又回歸到原本的主題。我們可以體會巴哈的創作意圖，採用這樣的方法，可以使「唱高調」的升調過程無限地進行下去。後人就把這種「卡農」稱為「無限升高的卡農」。

人生就是這樣一個周而復始、首尾相銜的怪圈。周宗奇的人生軌跡也完成了這樣一個怪圈。當然這是後話。

當年，在周宗奇的辦公桌玻璃板下壓著這樣一條格言：「你有什麼權利享受安逸的生活？」

周宗奇沒有註明出處。憑我的印象，這應該是車爾尼雪夫斯基的《怎麼辦？》中，那位為了錘煉革命意志而刻意睡在釘板床上的職業革命家拉赫美托夫的語言。頗有些「臥薪嘗膽」的豪邁氣概。

鄧小平在高崗試圖拱倒劉少奇取而代之時說過這樣一句話：「劉少奇的地位是歷史形成的。」而周宗奇在山西省作協的地位，也是歷史形成的。

韓石山在調入南華門大院之後，很快地做出自己的判斷。他說：「周宗奇在南華門是有半壁江山的。」

周宗奇說：天命不是迷信

　　周宗奇曾對我說：「我算過命（周宗奇有些不好意思的愧然一笑），在西安，我三歲時，我大弟剛生下來，四爺爺請了西安最好的算命先生來算命。那兩張命單我至今都還保存著。我的命單上就是『傷官』、『正印』、『副印』、『桃花』之類。現在來驗證，基本上算得還挺對的。『傷官』就是1989年。『副印』大概說我當不了一把手。起初挺順的，到這兒編輯部當副主任、副主編、主編。再後來又選上副主席、常務副主席、黨組成員。最初我到文藝工作室三個月，胡正就找我談話，讓我幹點組織工作，就是幹編輯部副主任。我說我可幹不了，你們恐怕不瞭解我的經歷，我由於家庭成分不好，從小學到大學，連班幹部也沒有當過，我沒這方面的經驗。胡正發出他那胡正風格的爽朗大笑說：『嘿嘿，沒關係，幹著幹著就學會了。我在你這個年紀時都幹上文聯祕書長了。』當時我和李國濤同任編輯部副主任，主編是西戎，副主編鄭篤兼編輯部主任。當時還讓我兼了副祕書長，有兩屆作代會都是我參與籌備召開的。那兩年很順當。」

　　周宗奇說：「人經歷的事情多了，你還真不得不信命。用孔子的話說，叫『五十知天命』，用現代的說法，就是對『天』要有敬畏心理。我母親命運不好，年輕時男人死了，生過五個兒子，死了四個。我排行第二，上面的哥哥叫周福善，三歲時死去。後來母親十來年沒懷孩子。1943年懷上我，到西安去找我父親，當時正是日本人佔領時期，不能從風陵渡過黃河到潼關。我後來查地圖，母

親大概是從垣曲渡的黃河。那一路顛簸，沒有流產，也真算我命大。到西安後，很快就生下了我。後來還生了周宗建、周宗文、周宗武。周宗文、周宗武很快便夭折了，我大弟周宗建最可惜，活到十七歲時淹死了。他比我小三歲，也生在西安。當時西安有一個很有名的算命先生，給我們兄弟倆都算了一卦，現在白紙黑字還在，就說我這個兄弟呀，從小沒奶吃，身上要生瘡，很危險，十七歲有一大難。如果這一難能闖過去的話，這個人在商業上有很大能耐；闖不過去就……說他是土命，屋上土，怕水。你還別說，真是十七歲上他沒闖過來，掉進水塘裏淹死了。那天是他生日，我可記得清楚了。我們老家在有名的峨嵋原上，水井有幾十丈深，絞水得四、五個人絞，一個人根本不行！我正跟大伙絞水呢，他扛了個鋤頭過來。我說：『你幹啥？』他說：『媽讓我鋤自留地呢。』我說：『你就快去。』但他就是不想走。我說：『天氣這麼熱，你早點去，趕大熱就回來了。』他就是不走。我還嚇唬他：『你走不走？你不走，我揍你。』他這才心不甘情不願地走了。到了自留地、路過池塘，僅僅五分鐘的時間，有孩子就跑來喊我：『你兄弟下池塘出不來了。』去了那麼多人，那池塘有多大，但就是撈不出來。農村有個說法，農具裏有種檣，扔到水裏，在哪漂起來人就在哪。你說神不神奇，那麼多人就是撈不起來，用檣一試就撈起來了。根本沒有灌水，是嗆死了。他不會玩水，其他孩子叫他下來玩，他撲通一下下去就沒上來。命中註定，死在生日，整整十七歲。我說魯迅寫祥林嫂真是寫得好，我母親出了這事後的表現、精神狀態，真和祥林嫂一模一樣。有半年多的時間，她總是翻來倒去地重複著那句話：『那麼熱的天，我為啥非讓他去鋤地？』都沒人願意聽了，她還繼續說。後來，我翻出當年的算命單叫她看，她才輕鬆了些，說

看來是天要收他。冥冥之中，你說有多神祕。我再給你說一個神祕的，那是後來在西安聽我四爺爺講的。他說咱們家請人看過祖墳，說你們長門人丁稀少，壽命短，世代單傳，但能出人才；二門人丁興旺，但無法出人才。果然，我老爺爺、我爺爺、我父親都沒活過五十歲；我父親兄弟四人，早早就留下他一個；我兄弟五個，最後就剩我一個。我小時候也怕，怕也活不到五十歲，短命家族嘛。不料我現在已經活過了六十歲，目下看樣子還能繼續活下去。於是又有看命的說了，根據你的生辰八字，你是跟著母系的血脈走。似乎也有點道理，我舅舅、我表哥們都是大高個，長壽命，我母親活了九十三歲無疾而終；而我本家的人大多是矮個頭。我母親一輩子燒香磕頭，很相信命運，我也跟著受影響。（筆者插話問：「你母親信佛？」）什麼宗教她都信，什麼神靈她都敬奉，她來太原，崇善寺、天主堂她全想去。她說啥神都靈，都是讓人學好、行善。佛教講因果報應，基督教也講修來世嘛。她就相信「善有善報、惡有惡報」。

我想起1991年，我和周宗奇、周山湖在永樂宮呂洞賓家廟求過一籤。當時周宗奇求得的是一個中籤，好像是說什麼「船到橋頭自會直」，「時來運轉」一類的籤語。當時「六四」剛過一年多，正值周宗奇命運的十字路口，他沉浸在煩亂和焦躁的情緒中，我安慰他說：「看來你要時來運轉了。」我重提舊事，說：「89年對你來說，也算得一坎。」

周宗奇搖搖頭：「求籤也怪，往往說好不一定應驗，說壞可就準了。」沉吟片刻，周宗奇深深歎了口氣說：「慶夫不死，魯難未已。有那麼重的處分壓著，你能轉什麼運！」

　　周宗奇說：「你命運順的時候，一順百順，用老百姓的話說，人有十年旺，神鬼不敢擋。我家這個地主成分怎麼也去不掉，但到了1974年，忽然起了轉機，那時候我還在煤礦場上，有個支左的軍代表，人可壞啦，那是人見人罵。但不知為什麼，對我挺好，為我的家庭成分，他派人到西安去外調了好幾趟，說你們給周宗奇搞不清，就不要回來。後來的結果是：你們家早到了西安，怎麼還是破落地主？就把成分給改過來了，改成了城市貧民。那時候，就是給你摘掉了頭上的『緊箍咒』呀。沒多長時間就入了黨，就調回到太原。你連做夢都想不到的好事！」

　　周宗奇又說：「現在的人對大千世界瞭解那麼多，登月、太空船、空間站什麼的，對大宇宙無所不能，可對人類個體生命本身這個小宇宙瞭解什麼？連人做夢怎麼回事，還眾說紛紜，解釋不清。就說那次『黃河筆會』，全國的精英作家們去五臺山，出了車禍，北京那個殘疾作家史鐵生，輪椅就放在門口，按說要受傷，數他最缺少自我保護的能力，受傷應該最重，但他毫髮無損。當時蔣子龍呀、劉心武呀，可叫撞得不輕。上海那個評論家，一進廟裏就口無遮攔，結果正好把嘴撞得像豬嘴一樣。你說有意思嗎？昨晚我看了一個電視片《普陀山》，中央電視臺在1997年拍的。當時天上飄來幾片雲，山頂上就出現了觀音菩薩的影像。這是拍攝《走遍中國》時拍攝下來的。普陀山相傳是觀音菩薩的道場。我還以為是塑像，聽講解詞才知道是當時拍到的幻象，你說多逼真。人遇事多了，就會相信命運，把命運理解為一種自然規律有什麼不好？太認命的人，容易意志消沉，但把握得好，遇到難關、遇到挫折，容易排解。我很信命也很認命，但不消沉，我知道我不會白來世上一回，但也不會有大出息。」

　　周宗奇在1989年9月15日的日記中記載了「夢」：

　　昨夜又夢見滿嘴牙全掉光，而且是一把一把往外掉，無血亦不疼。似此夢至少已做過三次之多了，不知是何原因？

　　提請注意：這是1989年反覆出現的夢境。我不想用東方的《周公析夢》或西方的《析夢辭典》去做削足適履的「對號入座」。任何「析夢」的企圖都是笨拙的，因為它縮微了夢本身的想像空間和象徵意味。

　　大概在人的命運中，遭遇了太多的「鬼使神差」和「陰差陽錯」之後，人都難免落入宿命論的誤區。這一現象，周宗奇並非絕無僅有。據報載，在廣州舉行的「科普論壇」公佈了一份權威調查報告，其中披露了許多令人大為震驚的資料：每兩個中國人中就有一人迷信求籤，每四人中有一人迷信星座，每五人中有一人迷信「周公解夢」。無論老年人、中年人還是青年人，幾乎都能找到自己感興趣的迷信活動。對這一現象的研究分析，我將在〈命在左，運在右——田東照官場文壇雙軌跡〉中再做詳述。此處不再贅言。

　　也許應該把周宗奇所說的「天命」做積極的理解：所謂「天命」者，可分解為二部分，一為「天」，即人生存的客觀環境；二為「命」，即個人在生存環境中所表現出的生命軌跡。國運昌則人命旺，大河漲潮小河滿；反之，則城門失火殃及池魚，傾巢之下豈有完卵。所謂「天命」，即為大歷史走向下的個人命運軌跡。

　　周宗奇在《黃河》上發表過一篇名為〈假語村言〉的中篇小說。小說寫得撲朔迷離，雲遮霧罩，寫了瀰漫於村民中「迷信思想」的社會基礎和心理根源，表達出周宗奇對「迷信現象」思索的深刻與局限。曹雪芹借「假語村言」對大清王朝進行了提前審判。那麼周宗奇此文的主題意旨呢？

　　周宗奇還寫過同類題材的另一篇文章：〈送姑姑〉。我把它認作〈假語村言〉的姊妹篇。其中寫了晉南風俗中的「送葬」場面。它讓人聯想到那首「借問瘟君欲何往？紙船明燭照天燒」的〈送瘟神〉。

　　愛因斯坦曾說過：「人可以不信宗教，但不可以沒有宗教精神。」我們似乎可以這樣理解：不是上帝創造了人，而是人創造了上帝。有一萬個信徒，就有一萬個人心中的上帝形象。佛即我心。在這個日漸政治功利化的年代，人們已徹底世俗化，缺乏了起碼的虔誠敬畏心理。這是信仰的缺失。是物極必反，從一個極端走向了另一個極端。也許，周宗奇身上表現出的，正是沒有宗教傳統的中國人身上的宗教精神。這種宗教精神，我們在許多俄羅斯作家身上可以看到，如托爾斯泰、杜思妥也夫斯基等。

馬烽與周宗奇共同演繹了
「伯樂相馬」的故事新編

　　周宗奇出道伊始，他的「處女作」小說集《無聲的細流》是在馬烽關注之下出版的。是文學界前輩，在山西文壇乃至中國文壇都聲名顯赫、一言九鼎的重量級人物馬烽，親手為周宗奇登上文學舞臺揭開了序幕。無巧不成書的是，近三十年後，當馬烽即將走到自己生命的終點，又選中周宗奇擔綱為他撰寫傳記，由周宗奇為馬烽拉上終場的帷幕。中國文壇向來有由前輩作「開幕詞」、由後繼者作「閉幕詞」的成規慣例。馬烽為周宗奇做了「開幕詞」，周宗奇為馬烽致了「閉幕詞」，鬼使神差般地暗合文壇規律。

　　周宗奇撰寫的馬烽傳，正名為《櫟樹年輪》，副名為《宙之詮釋》。有評論家解釋：「宙」為「周」的諧音，就是周宗奇對馬烽的詮釋。我有些不以為意，我想周宗奇若找「周」的諧音，盡可有數十甚至上百種選擇，何以偏偏選中「宙」字？我竊以為，不妨把「宙之詮釋」看作是將馬烽置於一個大背景下的詮釋。

　　詮釋就是一種解讀。

　　馬烽無疑是發現周宗奇的「伯樂」，是提攜周宗奇的「恩師」。

　　讓我們看看，在周宗奇的筆下，又是如何解讀他的「伯樂」和「恩師」的。

　　在《櫟樹年輪·宙之詮釋》中，周宗奇有關於「黨性」這樣一段文字：

「五戰友」中，他們有一個共同點：做中國共產黨員比當中國作家的歷史要長許多。在他們還遠遠沒有懂得「作家良心」為何物時，「黨性」卻早已成為他們的最高精神追求。

他們的「黨性」形成於可塑性最強的少年時代，又在一個遠離家庭、遠離社會的相對封閉的特殊環境中，不斷得到革命思想的灌輸並真心真意接受了它，其純潔性和堅定性是終生再難更易的。比如馬烽先生，自從「我把入黨申請書交給老唐之後，好像把心也交給他了」，也就是交給黨了！我要「為共產主義奮鬥終生！」「從此感到生活更有意義了，也感到無尚光榮。」我按時「繳納黨費，彙報思想情況」，「吃苦在前，享受在後」……而且所有這一切，「並不是在自我表現」！

馬烽先生確實不是一個善於自我表現的人。可他一生由於黨性太強，經常有著不同一般的特殊表現，並為此承載著相應的讚譽與貶毀、欣喜與痛苦、成功與尷尬、走紅與落寞……

在《櫟樹年輪‧宙之詮釋》中，周宗奇還有「跟風」還是「頂風」這樣一段文字：

張恒先生說「山藥蛋派」作家是「跟風」的，此話不知出於他的哪篇文章？馬烽先生在這裏也沒有明說。筆者就不敢瞎猜了。

作為一名作家，「跟風」肯定是不好的。所以，馬烽先生在這裏進行了辯駁，並以「大躍進」為例，說明自己當初

也有不同看法，還向有關領導進行了反映，進一步在創作中予以迴避，轉而去寫了革命歷史題材《劉胡蘭傳》和其他報告文學作品。

這些都是事實。

對「大躍進」，趙樹理先生不但不「跟風」，而且敢「頂風」。他以自己的作品「頂風」，以自己的政論文章「頂風」，有時著急了，甚至挺身而出，直接跟鼓吹盲目冒進的地方領導進行辯論。最轟動的一件事是上書黨中央，揭露「大躍進」中的種種弊端，因此遭到嚴厲批判，上綱為「與彭德懷反黨意見是一個腔調」，而他卻「死不改悔」。

像趙樹理這樣的硬漢，山西作家中不乏其人。孫謙先生早在1958年秋天，就公開致信中央組織部，發表自己對「大躍進」的不同看法。結果被整了個一塌糊塗。

如果說馬烽先生等人透過組織反映自己的不同意見，體現了他們一貫的黨性原則，那麼趙樹理先生、孫謙先生的「頂風」表現，則充分彰顯了一個作家的良知、一個中國知識份子的氣節。

在《櫟樹年輪・宙之詮釋》中，周宗奇還有一段（試說「講話派」）的詮釋：

在一部漫長的中國文學史上，還從來沒有出現過這種現象：一個政黨（或一個政治派別、一股政治勢力）能夠清醒地、竭盡全力地、不惜代價地搜求、吸引、培育、訓練一批文學英才，以規範化的寫作信條和方法，去為實現自己的政治綱領而奮鬥不息。但中國共產黨做到了！它以一部

《講話》為指南，在延安及其各個抗日根據地那樣一種極為艱難困苦的環境中，居然造就出一大批才華各異而忠心不二的新型作家、藝術家，叫他們「深入生活」，他們就「深入生活」；叫他們「為工農兵服務」，他們就「為工農兵服務」；叫他們不寫「雜文」，他們就不寫「雜文」；叫他們要用「大眾化語言」，他們就用「大眾化語言」；叫他們「不要暴露黑暗」，他們就「不暴露黑暗」……那麼步調一致、那麼自覺自願、那麼勝任愉快，那麼毫不懷疑地認定搞文藝創作就只能這樣搞、當作家藝術家就只能這樣當，最後終於建立起無愧於自己的黨、無愧於自己所處時代的煌煌業績，並一直延續到現在，始終佔據著中國大陸主流文學的地位。這真是一個空前絕後的文壇奇跡！且成為現當代文學史上永遠無法劃掉、無法替代的篇章。

馬烽先生等「五戰友」，就是創造這種文壇奇跡的人物之一。他們的成就同樣永遠無法劃掉、無法替代，而不管你自己喜歡不喜歡、承認不承認。

未來的文學史家，對這一獨特的文學現象，將會如何進行斷代研究、流派認定和利弊長短的量化分析？這恐怕是許多年許多年以後的事了。不過上世紀末的時候，有人將其稱作「共和國文學」，並以這樣的流派認定編印出版文集多種。依筆者看來，真要以流派學的觀點論事的話，倒不如叫「講話派」更為準確一些。不管將來它在中國文學史上的地位如何，有一點可以肯定：比起歷史上那些由幾個人、十幾個人、頂多幾十個人所興起的什麼「花間派」啦、「公安派」啦、「桐城派」啦等等，中國共產黨所興起的這個「講

話派」，不論人數之多、獨特性之強、影響之大，都是無與倫比的「巨無霸」。

這就是周宗奇對馬烽的「蓋棺論定」。不知讀者從這「宙之詮釋」的字裏行間，品出的是何種滋味？

周宗奇頗給人幾分「吾愛吾師，吾更愛真理」的氣魄和境界。

我讀完《櫟樹年輪・宙之詮釋》後，問過周宗奇：「你對馬烽如是詮釋，你敢直面馬烽嗎？」

周宗奇不無尷尬地笑著說：「恐怕很少有人能理解我這份歷史性的大公正，他們總要簡單化地、世俗化地看問題。書稿寫出來好長時間了，我一直發愁醜媳婦如何見公婆。我擔心在馬烽那兒就通不過。後來，解鈴還須繫鈴人，是大宇宙間不可抗拒的自然規律，給我解開了這道難題。」

馬烽生前終於沒有看到他的《櫟樹年輪・宙之詮釋》。

我還聽到過，周宗奇對馬烽在兩個特殊時期的評價。

一次是反右時期。

周宗奇先引述了採訪馬烽時他說的兩段話：

「馬烽說，我們沒有鳴放。有人後來攻擊我們說，是上面給我們打了招呼，我們是知道毛主席的『引蛇出洞』，所以就不鳴不放。其實我們根本不知道是怎麼回事，這麼大的運動，我們怎麼能知道？當時我們只是覺得自己是共產黨員，有意見可以透過正常渠道反映，何必貼大字報呢？我們從來就不習慣公開給領導提意見。」

「馬烽還說，反右中，《火花》編輯部的編輯范彪、陳仁友被打成右派，因為他們要搞同人刊物，讓西戎當主編。西戎不答應，還訓了他們一頓。所以上級對這裏的作家還是放心的，都是從根據

地來的，不會出問題。姚青苗曾寫文章，說我們是躲在巖石下的企鵝，不是暴風雨中的海燕。文章是在《山西日報》發表的。他也被打成了右派。當時的省委宣傳部長黃志剛，是信任我們的。」

引述完馬烽的兩段話，周宗奇發表了自己的評論：

「山藥蛋派五戰友中沒有右派份子。馬烽和他的諸位戰友都不會被劃出毛澤東的左派圈子。因為他們熱愛共產黨、社會主義和馬克思主義，那是『胎裏帶』，那是幾十年生命歷程所鑄造的。西戎一聽『同人刊物』，馬上就是那麼一種本能反感，將拉他作主編的人『訓了一頓』。所以，與其說馬烽他們是高級知識份子，還不如說他們是忠誠於黨的革命老幹部。馬烽說：『自己是共產黨員，有意見可以透過正常渠道反映，何必貼大字報呢？』這絕對是『角色語言』，自己清楚自己首先是黨的人！不參加大鳴大放，是一名老共產黨員的本能表現，而不是膽小怕事，更不是預知了這個大『陽謀』。」

還有一次就是至今仍諱莫如深的「六四」時期。

周宗奇說：「『六四』的時候，政協有人給老馬打電話，他不是政協副主席麼？說咱們也表個態吧？你猜老馬說啥？老馬說：『你感到壓抑？我可沒感到壓抑呀，挺好呀。』把那人訓了一頓。馬烽他們就是老革命那一套，沒有自由知識份子的任何感覺，他們缺乏那個東西。從這一點看，他們那一代人絕對是悲劇人物。馬烽人絕對是個好人，也非常自律，但沒有民主意識和覺悟。要讓我說，他們就是可愛的革命老幹部，稱不上作家。缺乏現代知識份子基本的東西，整體缺乏這些東西。不過共產黨造就的那一代人，他們也不需要這些東西。他們只有這樣才能生存下去，也才能獲得目前的地位、認可。他們意識不到，他們沒有受傷害、受壓抑的感覺，他們覺得這樣很好。」

　　馬烽在對焦祖堯的執政深感失望後，說過一句話：「看焦祖堯是看走眼了。」焦祖堯聽說後忿忿不平：「怎麼叫看走眼？我和他們在文藝思想上始終是一致的。」

　　老馬識途，輕車熟道。是同床異夢還是殊途同歸，馬烽當然是「金風未動蟬先覺」、「春江水暖鴨自知」。在山西省第四次作代會換屆前，馬烽向省委推薦的焦祖堯的接班人已經不是周宗奇，而是老實聽話的田東照、王東滿了。可見馬烽還是目光如炬、洞若觀火的。

　　小說家梁曉聲對「伯樂相馬」有一段頗為精彩也頗為深刻的表述：

　　　　中國人尊崇伯樂，西方人相信自己。伯樂是一種文化和民族心理方面的國粹。中國人總在那兒祈禱被別人發現的幸運，而西方人更靠自己發現自我、實現自我。千里馬的發現，使人們認識了伯樂。是千里馬成就了伯樂，而不是伯樂成就了千里馬。十位伯樂的價值，也永遠不如一匹真正的千里馬。如果伯樂只會相馬，馬種的進化便會導致伯樂們的失業。對馬，伯樂是伯樂；對人，伯樂在今天還包含有「靠山」和「保護人」的意思。

　　「恩相」、「靠山」，在中國的國情下，往往成為鐫刻在一個人身上的政治烙印。根深蒂固的「出身論」、「血統論」，總會改頭換面，以新的形式表現出來。只不過是與時俱進，換成「背景」、「班底」等時髦的說法而已。

　　被稱為寫出西方「黑厚學」的馬基雅維里，在他的《君主論》裏也談及保護人與被保護人的話題：

　　一個潛在的保護人，對他的被保護人的智慧並不是特別感興趣。他想要的只是廳堂的一件裝飾品。保護人自己的智慧的一件陪襯，而不是對立面，或一個唱反調者。保護人需要的是被保護人的時間和關注，在必要的關鍵時候，被保護人必須呼之即到，挺身而出，付出自己的全部忠誠。作為交換，保護人會為被保護人搭起人生的階梯，幫助他踏上成功的每一級臺階。

　　這就是政治關係中的「潛規則」。周宗奇顯然違背或者是他不屑於這些「潛規則」。

　　「伯樂相馬」的現代寓言，在周宗奇身上演變成「白馬非馬」的哲學命題。

「生瓜蛋」是否是個貶詞？

鄭篤某次提起周宗奇，把腦袋搖成了個撥郎鼓：「唉，生瓜蛋，一個生瓜蛋。」

我當然能聽出鄭篤話語中的「惋惜」口氣，還有些「恨鐵不成鋼」的遺憾。

應該說，鄭篤對周宗奇是賞識的，至少在初期（文聯和作協分家後，我與鄭篤就疏於接觸了）。

那年，我有一部中篇小說《老中醫和他的女婿》，投稿《山西文學》。時任副主編的鄭篤，看過了這部小說後對我說：「你們這些知識份子家庭出身的作者，普遍存在一個弱點：孱弱，太孱弱。筆下的人物，普遍缺少一種剛硬之氣。」鄭篤分析了我作品中三個主要人物的性格弱點之後，特別向我推薦：「你讀讀周宗奇的作品，周宗奇作品裏的人物：《戴上火紅的袖標》裏的老奶奶，《黃金心》裏的姜勝利，礦工姜師傅、霍師傅，雖然他們在生活中也遭到過磨難，但沒有『煎熬得可憐兮兮的軟骨頭』，都是些生活中的強者、硬漢。」

那一天，鄭篤與我講到的是，作協分房中發生的一件事。

我問起周宗奇，周宗奇也還記得。

周宗奇說：「那年機關分房，成立了一個分房領導小組，鄭老擔任組長，我是五個成員其中之一。其他成員有馬烽夫人段杏綿、顧全芳、周玉等。有人弄了一個假工齡的證明材料想分房，好多人反映她的工齡不連貫，按規定就不能分房。但領導小組有人覺得既

然有證明，就分了算了。顧全芳是很正派的人，說：『那不行，分房有個原則，你這麼一弄，很多人都知道，都找來，怎麼辦？』顧全芳這麼一說，反倒惹來不滿。我當時身任《山西文學》主編，有一大攤事情要辦，加之個人創作時間得不到保證，眼看一幫哥們兒一路飆升而自己滑坡不已，心煩著哪，對分房這種破事就沒興趣，本來不想說話，但一看這場面就坐不住了，人家正確的，你們反而為難人家。我這火就壓不住了，說了一番不好聽的話就拂袖而去，竟將身後那門摔出一聲重響。我剛剛回到二樓編輯部，那門咚地一聲被踹開，只見鄭老怒髮衝冠，大聲吼道：『周宗奇！你想幹什麼！』濃重的洪洞口音充滿著火藥味。我這個人是吃軟不吃硬。我說：『鄭老師，你說你們今天分房這個態度對不對？我對你們今天的做法有看法，我不參加了，你們愛怎麼辦就怎麼辦吧。』他一看我硬氣了，老漢軟了，說：『年輕人啊，不能這麼做事。我年輕時候比你脾氣還大，不行，吃不開，要吃虧的。』給我講開道理啦。『段杏綿是馬烽夫人，你還能是那麼個態度嗎？』緩和了以後，就給我講這道理，我坐在那兒不吭氣。分房會我就是不參加了。」

那天，鄭篤失望地搖著頭說：「這個周宗奇，是個生瓜蛋呀。」

此類事情，雖不能說俯拾皆是，卻也不乏其例。順便再說一件：

事情其實很平常，日常生活中司空見慣。作協機關大院有個羽毛球場，打羽毛球時，蔡潤田和馬莉的兒子發生爭執。起初還是「君子動口不動手」，爭吵到激烈處就變成「該出手時就出手」了。馬烽先聽了一面之詞，批評蔡潤田說：「你先打人不對。」但實際上是對方先動手打人。老蔡受不得委屈，就跑去告訴周宗奇。按說作為小字輩的人，又是生活小事，勸勸老蔡，來個「為尊者諱」最聰明了。但周宗奇這個「生瓜蛋」立即挺身而出、打抱不

平，跑去與馬烽理論，認為馬烽拉了「偏架」。馬烽很有涵養，既
是給自己找臺階，也是為周宗奇留面子，說：「你瞭解情況，你給
我介紹介紹。」周宗奇還真就說開了，並拉出李銳、張石山兩個當
事人作證。

西戎怎麼變成了「西戒」

如果說馬烽是周宗奇的恩師，那麼，西戎一直是周宗奇的頂頭上司。

不論是周宗奇擔任編輯部副主任、直至副主編，西戎都是主編。

1985年，周宗奇和李國濤成為《山西文學》的雙主編。那年頭，為了達成人事平衡和心理平衡，時興雙主編制。西戎則退居二線做了顧問，「垂簾聽政」。

那年頭，中央還專門設立了「顧問委員會」，是富有中國特色的權力結構模式。

這種權力格局，從那個年代過來的人，誰都不難領會其中的複雜和微妙。

周宗奇卻是我行我素，自說自話。「一朝權在手，便把令來行」。

那一年，我還在太原的一個文化宮當業務主任。我也是新官上任三把火，想搞出點新鮮花樣來。在這一年的春節，我組織了一個「青年畫家六人展」。六個人都是當年嶄露頭角的新銳畫家，包括現在擔任《黃河》副主編的劉淳、山西大學美術院的教授王紀平、山西人民出版社的美術編審王亞中等六人。但是後來因為展品的新潮和前衛，在預展時就被勒令取消，胎死腹中。

周宗奇不知是得到此資訊還是出於對我的信任，說我在文化宮與各界聯繫廣泛，把《山西文學》一年的封面封底以及內文插圖，全部「承包」給我。我找的封面設計人，就是六人中的王紀平。

　　王紀平一出手，就是一幅雲遮霧罩、讓人不識廬山真面目的抽象派圖案。刊物一出來，馬上引發激烈爭議。從這幅設計中，見仁見智，晦盜晦淫，不同人等看出了諸多內容。有一個最讓人目瞪口呆的見解，說這是「性文化、性象徵」。

　　出了兩期，就傳出西戎的話：「《山西文學》哪還有一點山藥蛋派的味道？整個『改換門庭』。」

　　我當時頗不以為意地說了一句：「山藥蛋不一定就非得是土豆絲或是土豆塊，直到共產主義還是個土豆燒牛肉。把山藥蛋做成『土豆沙拉』就不行了？」

　　周宗奇無保留地大力支持，話說得決絕果斷：「走自己的路，讓別人說去。」

　　李國濤的話說得比較含蓄，但也旗幟鮮明：「魯迅十分欣賞珂勒惠支的版畫，他在自己辦的《語絲》上多次採用。我不一定能全看懂，但不影響我採用。」

　　西戎的意見沒有得到回應。隨後的幾期《山西文學》，用西戎的話說還是「看天書」，有幾個讀者能看懂？

　　西戎幾十年樹立的權威受到挑戰。與西戎緣淵很深的詩人張承信給我講過這樣一個「細節」：

　　「《汾水》創刊號出來以後，美編趙國荃在封面上採用的是一幅版畫作品。版面是土黃色的，然後用黑筆構出一些粗線，猛一看就是層層梯田的虎頭山，仔細瞧又模模糊糊，像是一幅印象派畫。我當時在資料室，趙國荃也在，馬烽進來了，說：『國荃，你這期封面是怎麼球弄的，下邊都反映不像個樣子。』趙國荃說：『力群看了，很是稱讚。』力群是具全國影響力的著名版畫家，趙國荃的言下之意是：這是得到專家認可的。沒想到馬烽長臉一拉：『我們的刊物主要是辦給外行看的，內行能有幾個？』

張承信所傳遞的資訊是耐人尋味的。

然而有周宗奇的撐腰做主，《山西文學》面目依舊。

好像是出到第七期的時候（亦或第八期），由於我們的失誤，終於讓西戎找到了一個發洩口或者說突破口。

在這一期的顧問欄目，西戎的名字被誤印成「西戒」。

西戎借題發揮，大發雷霆：「什麼時候『西戎』變成『西戒』了？我『戒』你們什麼了？我妨礙你們什麼了？這樣拿我的名字作文章。」

西戎向來是仁慈寬厚、通情達理、善解人意的好好先生形象，這次卻有些一反常態。

李國濤一向為文嚴謹、做人謹慎，他也覺得這個失誤不小，西戎是全國著名的作家，怎麼能把名字也印錯了？

而周宗奇卻堅持認為：「西老師有些小題大作，有失風度。明顯是工作中的錯誤嘛，誰又敢成心欺師？」

西戎毫無通融的餘地：「這是關乎一個人的『署名權』，想取消我的顧問資格，也不是用這辦法。」這話就說得很重了。

西戎堅持：「出現這麼大的差錯，這一期不能發。」

一期刊物停發，這可非同小可。

我記得，為了正常發行刊物，周宗奇親自和我們一起，幾天幾夜，日以繼夜，硬是用刮鬍刀片一劃一劃地把幾萬份刊物上的「戒」字刮成「戎」字。

我後來為此事向西戎致歉時，西戎「嘿嘿」一笑，不冷不熱地說：「我是顧問，顧得上就問，顧不上就不問。」

《山西文學》的資深編輯張改榮說起周宗奇，讚不絕口：「老周這當頭的，敢做敢當，敢為下面的人撐腰；遇到矛盾，從來不躲

躲閃閃，有時把自己也放進衝突裏去了；現在還能見到幾個這樣的頭？」

張改榮向我講過，周宗奇曾因為陶文實的一篇稿子，與西戎發生衝突的事。

因為時間比較久了，為了事實準確，我向周宗奇核實這件事。

周宗奇說：「西老師這個人呀，絕對是好人，有時愛做個老好人。平時嘻嘻哈哈，對人挺關心、挺好，就是一到關鍵時候，就掉鏈條，誰也不得罪。發生了什麼矛盾，他不是替部下說話、做主，而是打哈哈。陶文實寫了一篇小說，從西戎那裏轉過來，也不知道西戎看了沒。李國濤看了，蔡潤田也看了，完了到我那兒，我也看了，覺得這個小說不行。陶文實是那種性格挺張狂的人，不知道有什麼背景，反正敢鬧事。他對人說：『西戎都說我的小說寫得好，你們算什麼，你們懂得什麼？』我一聽就火了，那你讓西戎給你發去。有一次在資料室，我見西戎在、李國濤在、蔡潤田在，正好幾個當事人都在。我看是個好機會。我說：『西老師，陶文實的稿子你到底看過沒有？』老西說：『我不記得看過。』我說：『人家說你看過，到編輯部來鬧，還說你說寫得特別好。我看了，我認為不好。今天大家都在，你說說，這是怎麼回事？』我說完，把門一甩，就上了二樓。老西馬上臉紅的追上來，說：『怎麼回事，怎麼回事？我就不知道怎麼回事嘛。你慢慢說嘛。』我說：『西老師，這個情況很清楚，陶文實說了，你看了說很好，我們編輯部不用這稿子，他就打了你的旗號跟編輯部鬧。』西戎馬上說：『這是胡說了，我什麼時候看過他的稿子，什麼時候說他的稿子好了？』安慰我半天。西老師這人，有時真的沒原則，他當老好人，讓別人去得罪人。」

「犯上」成性

　　鍾道新有一句在山西作協廣為流傳的名言：「你別跟自己單位的一把手過不去，因為他管著你的飯碗兒。」鍾道新在《特別提款權》一書中還說了這樣一段話：

> 　　縣官不如現管，一個小科長，只要是你的頂頭上司，他就對你的升級、住房、調動都能發生作用，他就是令人敬畏的。你如果不在乎這些，他就對你失去了威嚴。可誰能把這種「布衣傲王侯」的勁頭終身矢志不移？

　　鍾道新是以其高智商的「智慧寫作」而聞名中國文壇的，他妙筆生花，出口不凡。

　　然而，周宗奇卻老犯忌，經常跟一把手過不去，他說：「這由事不由我，有些事，當一把手的真做得不地道，不說怎麼行？我這人就這壞脾氣。為此，我得罪過馬烽、得罪過西戎、得罪過鄭篤，焦祖堯上臺後，我又開始得罪他老人家了。」

　　馬烽是山西省文藝工作室以及後來恢復的山西省文聯的「一把手」，西戎是山西省作協也兼任著《山西文學》的「一把手」，鄭篤也做過《山西文學》的「一把手」，焦祖堯更是黨組書記兼作協主席「雙肩挑」，又是黨的十三大代表，又是山西省委委員，是集黨政財文大權於一身的「一把手」。

　　周宗奇說：「老焦剛剛調來那一陣，我們關係挺好。他剛從大同回來，給西戎當副手，著手幹的第一件工作就是詩歌評獎。你

知道詩歌界的情況，那評獎有多難。老焦剛來，不熟悉情況，大伙也不買他的帳，搞著搞著，就讓詩歌界一幫大佬把矛頭集中到了他身上。我有些看不下去，不客氣地對西戎說：『西老師，鬧成這樣，你怎麼不站出來說句話？你是機關主持工作的一把手，老焦是協助你工作的，你怎麼能讓人家承擔壓力，你躲在一邊，好像沒看見。』我也不管西戎臉上掛不掛得住，我這人較起真來，別人還都有點怕。」

中國有句俗話，縣官不如現管。你盡可以「背後罵朝廷」，因為「天高皇帝遠」，皇帝的尚方寶劍也有鞭長莫及之時。而本單位的一把手，低頭不見抬頭見，舉手之勞就不愁給你個「三寸金蓮」的玻璃小鞋。《紅樓夢》開篇即有詩云：「世事洞明皆學問，人情練達即文章」。鍾道新一語道破天機，說出了深刻的生存之道活命哲學。可這個周宗奇就一點不開竅！

現在社會上還頗流傳「三個不要較勁」：在世界上不要和美國較勁；在機關不要和一把手較勁；在家裏不要和老婆較勁，也屬於「識時務者為俊傑」之言。

如前所述，焦祖堯還是西戎的副手時，周宗奇敢於站在焦祖堯一邊，鋒芒所向不惜也不忌指向一把手的西戎。其後，在山西省第三次作代會上，周宗奇作為焦祖堯的同盟軍，在焦祖堯和西戎的角逐中，把焦祖堯擁戴上臺。然而，一旦位置發生變化，當焦祖堯成為一把手，周宗奇又犯了老毛病。

周宗奇總是和一把手過不去，就有些「不識時務」了。在中華民族根深蒂固的文化傳統中，「反貪官不反皇帝」向來是一種生存策略。在這樣的文化背景中，周宗奇可算得上是一個「異端」、「異類」、「異數」。

　　在周宗奇的後期作品中，不論是歷史題材的《文字獄》，還是現實題材的《三個紅色殉道者》，也都體現了這種徹底的反叛精神，這是後文中將要闡述的。

　　關於周宗奇與焦祖堯之間，剪不斷理還亂，一言難盡、欲說還休的矛盾糾葛衝突，不是三言兩語能說清楚的，其中蘊涵了政治、文學、人品、性格、哲學、審美諸多層面的意義。對此，我將在〈在病房——焦祖堯十年執政記憶〉一篇中，再作條分縷析的專題講敘。

　　周宗奇在1989年3月19日的日記裏寫道：

　　　　今天，張枚同、程琪夫婦讓去他們家做客……同在的還有鄭寶生、黃樹芳，主題是談作協的事，勸我不要辭職，繼續為焦主席幹。他們哪裏知道作協的實況，作為同事的焦某人的本性以及我的難處。幾十年來活得艱難，老是為別人活著，就不能自由自在地為自己活幾年嗎？

　　周宗奇是毅然決然、義無反顧地與焦祖堯分道揚鑣了。同盟軍變成了對立面。

　　面對周宗奇轉身離去的背影，張石山在《穿越——文壇行走三十年》中有這樣一段描寫：

　　　　希望他忍辱負重、委曲求全，為作家協會的將來、為文學事業的寶貴，讓他和一個偏狹自私的領導一把手愉快合作，那是趕鴨子上架，那是要他捨生取義，近乎要他殺身成仁，等於是逼良為娼。

　　　　他不是政治家，他是一條血性漢子。衝冠一怒，兔起鶻落。一紙辭職書，甩向焦祖堯。

周宗奇個人拋棄了職務，拋棄了政治前途，也拋棄了好心的人們暗暗存有的一點希望。

他得到了宣洩的快意，得到了人格的昇華。

孰輕孰重？難以衡量。

當然，對焦、周矛盾的來龍去脈，絕不能簡單做紅臉、黑臉的兩元對立評價。當硝煙散盡、塵埃落定，焦、周二人都有了另一番冷靜的回顧和反思。

讓我們來看周宗奇此時期的另三篇日記。

1989年1月13日　星期五　晴冷

上午參加省引黃辦的「標書」會議。

原主任朱耿已經退休，接任的是原副主任王東科。萬家寨引黃工程總算要上馬了。常務副省長白清才任領導小組組長，副省長郭裕懷任副組長，總指揮部還未成立。

在此之前，我曾給白、郭寫過一封信，提出兩條具體要求：一是參加籌備階段的一切主要會議及活動；二是要求在指揮部掛職便於工作。……白對此信很讚賞，批給郭。但郭這個傢伙一點也不重視，讓其祕書給作協機關打了個電話，說工程還未上馬，以後再說。……

我直接帶上作協的介紹信到省水利廳，見了副廳長曹中厚（他原是我縣縣委書記），又見了王東科，接上了關係，以後經常到這裏深入生活。

下決心甩掉常務副主席職務，一心上引黃。

兩個多月沒記日記了。其間開了個第三屆作代會（11月27月～12月1日）這是一場讓人喪氣的活動。雖說選了我副主席，也並不感到絲毫高興。以後有時間，再補記這段生活吧。

1989年4月17日　星期一　晴

給張維慶寫了一封信，正式提出辭職，辭去常務副主席和黨組成員之職。

生活喪失了目標、精神沒有了壓力，不知該幹什麼，加上國是日非，全社會都疲軟乏力，真不知該幹什麼了。

（周宗奇對我說過這樣一句話：「凌空劈砍的寶劍，猛然間在空中失去了劈砍目標。你說這是多麼痛苦的事情。」）

1989年4月24日　星期一　陰

我已正式給張維慶發了辭職信，又在機關大門口貼出告示如下：「我已正式向上面辭去了作協常務副主席和黨組成員的職務。凡因一應公務造訪者請免開尊口，恕概不奉談。」

在所謂「七大群團」的作家協會，真正掌控實權的是黨組。黨組由省委直接派出，無須進行選舉程序。主席團反而成為裝飾門面的榮譽機構，主席團中的副主席，不進入正式的幹部序列，也就是說不享受相應的級別待遇。而作為副主席，只要組織部門冠以「常務」，就獲得了「副廳級」的待遇。

由此可見，黨組成員、常務副主席，都是副廳級幹部，是多少人夢寐以求的位置。人們見慣了這種現象：把「辭職」一詞掛在嘴上，以示清高灑脫，而真正到了要把他的職位拿掉的時候，則哭爹叫娘，如喪考妣。而周宗奇則是「來真格的」，將辭職付諸了行動，甚至有點形同兒戲。

周宗奇把文學生命看得重於政治生命。

周宗奇〈閒侃做官不做官〉

好多人都以為，周宗奇的黨組成員和常務副主席是因為「六四」被撤職，其實早在「六四」之前的4月17日，周宗奇已經向省委宣傳部遞交了「辭職書」。

辭職書十分簡潔，照登如下：

> 省委宣傳部：
>
> 　　我自覺適應能力不佳，願意辭去省作協常務副主席兼黨組成員之職，務請批准為盼！
>
> 　　　　　　　　　　　　　　　　　　　　　此致
>
> 敬禮
>
> 　　　　　　　　　　周宗奇，1989年4月17日。

和辭職書一起，還有給省委常委、宣傳部長張維慶的一封信。信中，周宗奇頗為坦誠，直訴心曲。不妨全信轉錄：

> 維慶同志：您好！
>
> 　　我思考再三，還是決定辭去作協常務副主席兼黨組成員職務（見辭呈）。這樣，於公於私都好些。您曾親自來家看望，並留下言詞懇切的信，令人感動。為此，在我正式交上辭呈之前，願將內心一點衷情向您傾訴一下。但願您能理解並加以原諒。

　　我的辭職，不是一時感情衝動而意氣用事，也不是想有意給誰出個難題，製造一點麻煩，以便達到某種卑鄙的要脅目的。我還不至於如此下作。

　　我曾在上屆黨組剛建立不久就辭過職，後來又堅決辭掉了《山西文學》主編之職（都曾招致過「周宗奇嫌官小」之類的猜議），足見早有「辭跡」，「辭史」還相當的不短。可惜芸芸眾生，沒幾個人願意瞭解一下，我何以會有種種「辭舉」，是在故弄官場權術獵取名利？還是別有一番滋味在心頭？只有天知道！不過，今天不妨給您斗膽一訴。

　　正如您信中所說，我們是同代人。可我們這一代人算什麼人？曲曲折折，耽耽擱擱，窩窩囊囊，幾十年來失去了那麼多，至今已過不惑之年，還得靠上代人恩賜的一點陽光照亮自己，更多的時侯，則得寄身在他們的陰影中生活，不斷地壓抑自己，在傳統的負重下放棄自我，不敢表現自我，稍露些許銳氣、傲氣，便會招致物議，毫不客氣地被打下去，你只有在一種低層次的庸俗的爭鬥中依附某門某派，才能或成或敗、或沉或浮地苟活下去。長期過這種憋氣的日子，是我們這代親身經歷過滄桑巨變和血淚洗禮（我堅持認為文化大革命比上代人所經歷的革命要複雜、艱難、豐富得多）的青年書生們的初衷嗎？是我們追求的理想之境嗎？絕對不是，絕對不是！然而，你卻又難逃劫數，命裏註定永遠不會登上中國歷史舞臺的主角位置，去依靠自己的意志（我覺得，我們的意志是建立在科學知識和現代智慧基礎上的

優化意志，遠勝於上一代！）改造社會，命裏註定只能
給上代人作助手，實際上是陪葬品而終其一生。對於整
整一代人來說，這是多大的悲劇！空有獨立思考的頭腦
卻兩手被縛，看清了腐敗所在卻無權操刀，已過不惑之
年，卻依然被視作可愛的「有培養前途的青年幹部」
（當然前提是必須聽話，必須很乖很乖），對此怎麼也
不甘心卻又徒喚奈何。這又是多大的人生痛苦！就這麼
一天天、一年年過去，鐵石心腸也會厭煩。與其難展一
代雄風，自然不如及早離去，逃脫也罷、解脫也罷、超
脫也罷，反正不如去過一種自由自在的日子，把不多的
黃金歲月留給自己，在某種專業上有大成就也罷、有小
成就也罷，總是在追求自我價值的實現，享受後半個快
樂人生。

　　這是我文革後至今一直存在並不斷清晰的一種大
心境。

　　正如上面所說，我們這一代人大限早定，不會有轟
轟烈烈的大事可做。不過具體到一個小環境中，譬如有
幾位同代知己息息相通、肝膽相照、配合默契，也能幹
出幾件有聲有色的事情，搞出一個小氣候來。真能如
此，也不失為一段人生樂事，值得一試身手。但是，假
如難得有這麼一個機會，相反卻陷身於一個俗不可耐的
是非地、名利場（這在當代中國概率極高），那該怎麼
辦？除了及早「跳出三界外」，難道還有其他良策嗎？

　　我在這裏不想說作協內部任何一個人的壞話。我只
說我自己。我從來都是一個重感情、講義氣的人，把理

智和原則不當回事，說句丟份的話，只要我願意，為朋友丟掉黨性去犯錯誤也幹，但絕不願與不夠朋友的人共事一天，而且一旦認定誰不夠朋友，便永遠對他打不起精神來。與其虛偽地共事，不如一個人去幹別的，躲得遠遠的。

這是我多年來的又一種心境。

我覺得，我的種種心境早就形成，它們基本上還是比較博大悠遠的，是善良而有點懦弱的，並不對任何個人懷有惡意並構成危害。事實上，我也沒有為達到自己的一點私慾而去坑害別人。這是問心無愧的。那麼，人們應該能理解我，包括理解這次我辭職的動機。

我不是不喜歡高官厚祿，沒那麼清高。但無門做出與高官厚祿相匹配的人生貢獻時，就寧可什麼都不要，有本事到正經舞臺上去爭個加官晉爵（我從來認為，從政是男子漢的第一選擇），在作協這地方折騰個什麼勁？在這地方，就該做個正兒八經的作家，成就大小另當別論，那是自個兒的本事。

維慶同志：我信手一寫就胡亂寫了這麼多，大多是落後話，還有牢騷話，甚至還有犯「國忌」的話。不過全是真心話。我是完全把您當作朋友（當然還是一種一廂情願的朋友）才這麼放肆的，都忘了我們現在的地位級差了。請原諒。不過我想，以您在宣傳部和省委多年政治生涯的甘苦經歷，您對社會人生的感慨洞察一定比我強得多，倘能對我的人生悲劇心境予以理解，並成全我的辭職之舉，我便萬分感激了。

　　至於作協的工作，您不必擔心。田東照同志已經回來，他為人圓熟寬厚，是各方面都能接受的人物；給老焦當助手，老焦也放心；大家也沒意見；比我戳在老焦的睡榻旁要好得多。所以我開頭說，於公於私都好些。當然，我雖能躲開作協的權力核心，卻也躲不開那個複雜混亂、低能多事的山西文藝界。不過一旦成為散兵游勇，也就會活得容易得多，說不定您有要幫忙的時候，以我在圈子裏的熟悉程度和人緣，還真能替您幫個小忙什麼的。那就是盡朋友之誼了。

　　耽誤您太多時間，失禮了！

　　　　　　　　　　　即頌

大安！

　　　　　　　　　　周宗奇1989年4月17日於「學瀟脫齋」

　　也許一封短短的書信，很難盡訴衷腸，周宗奇仍覺得如鯁在喉，言猶未盡。其後，周宗奇又寫出了〈閒侃做官不做官〉。此文顯然不是為了發表，而僅是直抒胸臆、宣洩自我。我喜歡看此類不為發表的文字，因為它率性、坦誠、直截了當。也許此文對窺視周宗奇的內心世界不無裨益。

閒侃做官不做官

　　酒後翻報，醉眼迷離中發現一條消息，說是在上海地區中學生中作一有關日後擇業的抽樣調查，結果顯示，將來願意做官的孩子所佔的比例最高。童言無忌也無欺。這個調查結果應該是真實可信的。

那麼做官好還是不做官好呢？

有志男兒應做官。這個官不言自明，當然是指老百姓稱之為好官的官。這原因就是在我們中國做官，是一個最能報效國家和人民，最能直接造福黎民百姓，最能實現平生抱負和體現人生價值的職業。尤其在當今中國，能做一個有擔待、有作為的好官分外重要，因為他肩負著前所未有的重大歷史使命。

我們知道，在中國漫長的封建帝制時代，就有一個「官吏集團」與無上皇權相伴而生。這個社會集團實際上控制著國家機器，具體行使著各種特權，掌管著巨額的人力、財力，其所作所為在很大程度上決定著中國社會的命運。解放了，我們進入了新社會，但不可諱言的是，千百年形成的歷史傳承總有其連續性。「新」與「舊」是相對而言，豈能一刀兩斷？共和國政府裏難道看不見那個「官吏集團」的影子？別的不說，只這個「統治型」的管理模式和思維方式，不就明顯來自那個中央集權主義的老傳統嗎？中國改革深化到今天，擺在我們面前的迫切任務之一，就是要對整個政治體制動「大手術」，將「統治型」政府改為「服務型」政府。當然，就整個國家大局而言，根本轉變職能，作為一個口號、一個奮鬥目標，已為人們所接受。而在實際運作中則遠遠達不成共識，形成合力，還是舉步維艱的事。

但是，假如你是一級政府官員，恰恰又是一個勤政廉潔、誠信無欺，有學問、有眼光、有百姓意識、有鋼鐵手腕、有犧牲精神……總之是一個有血有肉有骨頭的好官，你就完全可以在自己管轄的範圍之內大膽改革，率然垂範，敢

為天下先，從而造福一方。這樣好官多了，這樣改革成效卓著的地方多了，點連成線、線連成面，舉國的改革大局不就加快了前進速度？離那個根本轉變的大目標不就越來越近了嗎？說老實話，中國的種種改革大計，真要具體操作起來，絕對離不開那些威震一方、手握實權的好官員！可惜的是，當今中國還是太缺少這樣的好官。好官佔的位子少，更多的位置必然讓貪官、庸官佔著，所以我要大聲疾呼：有志男兒應做官，將那些貪官、庸官盡可能多地擠下臺，而且官做得越大越好，體現自己價值事小，為推進中國的民主化進程，為國家和民族的復興和發達克盡綿薄，事關重大啊！

莫搶做官獨木橋，這不是自相矛盾嗎？剛說完有志男兒應做官，怎麼又是莫搶做官獨木橋？且聽分解。

古代中國科舉取士，可以說都是文人做官。「萬般皆下品，唯有讀書高」、「學得文武藝，貨於帝王家」，逼得天下讀書人不得不湧向做官這道獨木橋拼搶打鬧，其結果，擠下去的從此成了一無所有的草野布衣，老死於市井坊間，可憐得「唯有飲者留其名」。擠上去的就好嗎？更糟！在那套官場文化的擺佈下，一個個扭曲了靈魂、喪失了個性、泯滅了天良，唯君王馬首是瞻、唯上司命令是從。想做個心繫天下蒼生的清官嗎？對不起，「遊戲規則」難容，先立馬淘汰了你！包公、海瑞之類老百姓認可的好官不過是鳳毛麟角，而且臉上早就塗起厚厚的理想化的油彩。所以，我們號稱幾千年的中華文明，竟然未能造就出一個擁有獨立社會人格和社會理想的知識精英階層，實在是天大的悲哀。更可怕的是，它給後世一代代讀書人造成的人格缺陷，遺害無窮，至

今仍在當代知識份子心理上留下深深的烙印。看看進入今日官場的知識份子吧，他們之中究竟還有多少人擁有自己的人格價值體系，能夠擺脫因襲的重擔而了無牽掛地投身於改革大潮，專心致志地做個好官？事實上，他們大多數人都有著太多的文化和道德負擔，在「人民公僕」和「官老爺」之間迷茫的精神領域苦苦掙扎，經受著煉獄般的磨難。且不講別的，僅是一套沿襲已久的「潛規則」，就足令從政的文人飽受驚擾。在消失並不很久的封建專制社會裏，儘管表面上有什麼仁義道德的教義，有愛命如子的標榜、有王子犯法與庶民同罪的宣言、有邪不壓正的高調⋯⋯但官場乃至整個社會的實際生活，卻是按著種種與之不同甚至完全相反的「潛規則」運行著。這種歷史傳承至今不絕如縷。比如說我們的民主選舉，照章是應該透過無記名投票選出結果，但公開的事實是，早在選舉之前，結果卻按一種眾所周知的「潛規則」已然拍板定案。而且，這件「皇帝的新衣」絕對不能揭開。有誰膽敢不聽招呼而有違「潛規則」，誰立馬倒楣。最新的例子，就是湖北的鄉官李昌平。他因為越級向上講真話，說「農村真窮，農民真苦，農業真危險」，很快即被官場視為異己，成為眾矢之的，轉眼間淘汰出局。淘汰一個李昌平也許還無傷大局，但要不斷淘汰李昌平等這樣的好官，勢必傷害甚至斷送改革大業，做官不能都像李昌平，那麼都去做那種處處按「潛規則」辦事的貪官污吏嗎？當然也不能。如此一來，這官該怎麼做？怎麼做成既不會被淘汰出局，而又能有所作為的好官呢？真是一道難題。

　　所以在我看來，你有解開這道難題的天賦、個性、學養、膽魄、謀略、手段……你不妨就「好官我自為之」，為國為民轟轟烈烈地幹一場。反之，你就千萬不要做官，你就不妨發揮自己的某一專長，去當科學家、工程師、音樂家、作家、醫生、記者……同樣可以充分體現自己的人生價值。即便是當個工人、農民，也還可以爭取到全國勞模的殊榮。總之，如今世上有的是陽關道，何必「官本位」思想那麼強，非要去擠做官那道獨木橋！須知做官雖然輝煌，但也很苦、很累，不親自做官、不真正做官、不認真做官，便難知其難。

　　做官還是歸隱？居廟堂之高還是處江湖之遠，在周宗奇的思維中，成為一個「哈姆雷特式」的難題。

腦後的「反骨」是遺傳還是後天生成

　　周宗奇笑著摸摸後腦勺，又摸摸後頸椎說：「《三國演義》中有個人物叫魏延，天生腦後有反骨。我腦後並無反骨，卻天生抗上，對來自上層的壓力，總抱有逆反心理。我對強權、對專制，從小就看不慣，天生就要反抗。看不慣就要反抗。好多年來，政治壓力一直壓在心上，我本性並不是個順從馴服的性格，有時候覺得你怎麼突然爆發了，實際上醞釀已久，忍無可忍了。」

　　周宗奇講到他的中學時代：

　　「我們班來了個紅旗班主任，就是從各條戰線選拔先進份子到中學充實政治力量，那時候叫『摻沙子』。班主任叫趙登科，一來就在班裏劃出進步學生和落後學生。我們那時候就是和班幹部不和，鬧彆扭，就把我們打成反黨小集團，十幾歲的娃娃反什麼黨嘛！我們幾個學習好，上自習不用功，就是打籃球，那時候是小皮球。那時候，學生為了討好班主任、班幹部，從家裏帶來饃饃，就先孝敬他們。我們幾個尿球他們，給你送什麼東西，不送！不送，就給你們點顏色看看。」

　　周宗奇還講到他青少年時期的兩次「猛然爆發」：

　　「1958年，學校讓我們中學生也上呂梁山大戰鋼鐵，回家取衣物時，發現母親不在，原來被當成『四類份子』，發配到外地無償地服勞役。我跑到公社找頭頭鬧，要我母親回去，公社幹部說不行，四類份子就得勞動改造。我平時看上去性子挺綿善隨和，可一旦發起火來也厲害。我大喊大叫說：『你們不讓我母親回家給我準

備衣物，就是反對大鬧鋼鐵！』還真把公社幹部震住了，好傢伙，這小娃這麼厲害。就讓我把我母親接回去了。」

「我發的另一次火是在村裏。我們家的老宅，房屋挺寬敞，村裏就用它辦了公共食堂，把房子弄了個亂七八糟。辦了一年就辦不下去，撤了，撤了以後不給我收拾，讓我搬回去。我就找村幹部。這個村幹部是有名的壞傢伙，外號就叫『顏料碗』，就是誰見他，他也要給人點顏色瞧瞧。沒人敢惹他。我找到他說：『你得給我修房，不修我沒法住。』他蠻橫地說：『不修怎麼著？地主崽子！』這一下我火了，十六歲的我不知從哪兒來了天大的膽子，罵得他狗頭噴血，乖乖給我修房。村裏圍上來不少人，都說：『真沒看出來，這寧娃還真有點血性！』我生在西安永寧門，有個名字叫周永寧，村裏人都叫我寧娃。」

童年的印記，勢必影響人的一生。懸念大師希區考克寫了那麼多令人毛骨悚然的恐怖片，就是因為他童年時親眼目睹了一個殺人的淒慘場面。

唐達成對童年說過一段堪稱精彩的話：「童年是一個人最缺少內容的部分。如果說人生像一首樂曲，那麼童年就是一首樂曲的前奏，前奏總是乏味的，整個旋律還沒有展開，人們都期待著聽輝煌的樂章，聽那華彩段的部分。可是聽眾不知道，作曲家在前奏中已經為整個樂曲定了基調，後面展開的所有旋律，只是前奏的再現和變奏。」

周宗奇寫過一篇名為〈苦驟〉的散文，寫他童年時，如何以一個孩童的眼光，看那頭在磨道裏日復一日不停轉圈的驟子。

我摘錄其中的部分段落：

　　……便說那匹可憐的騾，更確切說，是牠那雙被捂得嚴嚴實實的眼睛。我一走進粉塵瀰漫、聲音嘈雜的磨旁，不幹別的，總是安安靜靜坐在那個圓木墩上，雙手托著下巴，目不轉睛地盯著不斷轉圈的小灰騾，盯著牠那難見光明的雙眼。盯著盯著，便會冷不丁地發出一些嚴厲質詢。孩童們全是善於重複的老手，對自己感興趣的地方不惜聒噪千百遍。記得我追究的重點，便永遠圍繞著為啥要捂著小灰騾的眼睛而層層展開。出面作答的老是乾媽，她矮矮胖胖，高顴骨，一雙不小的腳總在磨房裏走動不停，肉乎乎的圓鼻子上總沁出三、五滴小汗珠兒。我們的對話常常如下：

　　「為什麼要捂住小灰騾的眼睛？」

　　「捂住跑得快。」

　　「那牠不急嗎？」

　　「牲口不知道急。」

　　「那牠不疼嗎？」

　　「牲口也不知道疼。」

　　「那牠為什麼不知道？」

　　「牠是牲口呀。」

　　「那牠為什麼是牲口？」

　　「天生的唄。」

　　「那天為什麼是藍的，牠是灰的。」

　　……

　　有一天，我與乾媽舌戰已久，焦點集中在小灰騾的眼睛疼還是不疼。我忽然發現了新論據，尖叫起來：「牠不疼，怎麼會哭？」

乾媽一下愣住了。

我說：「你快看，小灰騾正在流眼淚呢！」

乾媽扭頭一看，著急了，驚叫著撲向小灰騾就往下解眼罩兒，可眨眼功夫，她又輕鬆地說：「沒事，那是眼罩兒鬆了，磨地的眼。……你這小憨娃，牲口怎麼會哭呀！」

我對乾媽不顧事實的狡辯感到又氣又委屈，立刻認為這裏不是說理的地方，正要拂袖而去，忽被一種又陌生又威嚴的聲音震住在那裏：牲口怎麼不會哭？心裏苦了，照樣會哭！跟人是一樣的，一樣的。

這是瞎子乾大，我看見他那雙瞎眼一個勁地眨著，艱難地擠出幾滴眼淚，沒等落地，便拿一個粗硬的巴掌抹去。

周宗奇是這樣談到他對童年的看法：「我覺得一個人的性格和成年後的行為方式，都和他成長的家庭環境分不開。人成年後的許多行為，都可以在童年找到影子。人們看到的只是『好大一棵樹』，殊不知每棵活著的樹都有無數根鬚埋藏在不為人見的地層。佛洛伊德的心理分析認為，人成年後的一切反常行為，都與童年受到的壓抑或傷害有關連。我認為，咱們東四條這批中青年作家中有所成就的作家，都和家庭背景或社會關係有關，都與家庭遺傳和多少代文化積澱的因素有關，不信你查去吧，絕不可能三代赤貧，一個大字不識的父母，突然就生出一個天才作家來。連胡帆，父親還做過國民黨的營長哩。都有家庭的文化背景，都是前幾代積累下來的文化優勢。」

周宗奇在寫馬烽的《櫟樹年輪・宙之詮釋》中還有這樣一段文字：

　　筆者向來認為，一個人終生向惡向善的品德走向，關鍵取決於少年兒童時期的家庭教育（根據最新的科研成果，其中自然也包括胎教在內），而母親的言傳身教尤為重要。

　　周宗奇很看重門第背景和家庭文化積澱。周宗奇在《三個紅色殉道者》一書中，開宗明義，第一章的標題就是「都不是尋常門第」。周宗奇說，毛澤東有許多話說來不無深刻：「在階級社會中，每個人都在一定的階級地位中生活，各種思想無不打上階級的烙印。」這不僅是先天的血統論，也有後天的環境論。從血管裏流出的都是血，從水管中流出的只能是水。

　　周宗奇是這樣向我講述他的身世與家族的：

　　「我原籍湖南道州。我前一段時間整理家譜，知道先祖叫周實，當兵來到北國守偏關，大約是明代永樂年間，官兒不大，是個千總，後來轉業到翼城縣石門鄉落戶了。大約過了四代、五代，遷到現在的臨漪縣耽子鄉周家窯村。此地原來叫張莊，現在姓張的一戶也沒有，姓周的倒佔到百分之七十。到我這一代是二十二代。我爺爺周龍章先是私塾教師，後來出去也算是從了政，在垣曲縣、平陸縣做官，村裏人說是知事，但兩縣縣誌上查不到，我估計是公社一級幹部。我爺爺有四個兄弟，他是老大，比他的小兄弟大將近二十歲。我二爺爺沒有出來，所以土改時定了地主，大概有三、四百畝土地，雇兩個長工。我的地主成分就是隨二爺爺家來的。我四爺爺領著我父親周仰山到西安做生意，在老鳳祥金店，總店在上海。他最後做到『三櫃』。我父親喜歡讀書，後來我在他的藏書中看到陳伯達寫的《竊國大盜袁世凱》，華北新華書店1946年印行，扉頁上有父親的名章。在國統區西安讀共匪理論家的書，當然是犯

法的，為這事好像惹出過麻煩，曾被關進局子裏，但不知惹事的是否這本書。（說著，周宗奇一笑）這也算是發生在我身邊的文字獄（周宗奇計畫撰寫二百五十萬字的「中國歷代文字獄」，現已出版了八十萬字的《清代文字獄》，《清以前歷代文字獄》和《現當代文字獄》正在撰寫中）。我老家解放得比較早，1947年。我二爺爺土改時就被劃成地主。西安還沒有解放，我父親就非要回老家去。我四爺爺開著錢莊，勸我父親不要回去：二爺爺被劃成地主，你回去還有好？但我父親也是個倔脾氣，非回去不可，回去沒多久就死了，肺結核。這也是天命，非要死在老家。所以我很小就沒有了父親，對我來說，父親是什麼？就是記憶中的一種聲音：『到了，到了』。後來我母親才說清了，原來我老舅家很有錢，在西安開著大醬園，在城外八里莊還有別墅。我父親曾騎自行車帶著我去八里莊避暑，見我打瞌睡，就一個勁地說：『到了，到了』。就這麼一種聲音，至今時時在我的耳邊響起，這就是我心目中的父親呀！再就是幾張老照片上的父親，與幾位同事在成都的合影，西服禮帽，儒雅得不像個商人。我母親楊仙草讀過女師塾，到九十多歲還讀《山西日報》上的文章，記憶力比我還好，一直到九十三歲去世的時候，腦子都很清楚。『二十四孝』的說唱本，一個字不漏地給你往下背。我給她錄了音。由於我這麼一個家庭，文化大革命前就講出身成分，所以上學的時候，我最怕填表了。我記得從小那個心理壓力太可怕了。我幼年就沒了父親，母親真是含辛茹苦地把我撫養長大，她白天下地幹農活，晚上紡紗織布，做布鞋布襪，逢集趕會擺小攤賣，掙微薄的錢供我上學。母親是個很有頭腦的人，給我找了個當過長工和農會黨員幹部的人做繼父。我舅舅堅決反對，說：『你怎麼能給人家周家丟這個人！』我母親不吭也不聽，照著自己

的主意來。我能作為可以教育好的地富子弟考上省委黨校，跟繼父的政治資本絕對有關係。我母親後來說：『我活著還指望什麼？我娃沒前途就糟塌啦！』」

　　謝泳在〈中國文化中的寡母撫孤現象〉一文中，從文化因素、複雜情感、心理情結諸方面分析了此類家庭結構對人成長的影響。一種「報母恩」的精神支柱，最容易激發人的奮鬥和毅力。並列舉了諸如魯迅、胡適、茅盾、老舍、傅雷、夏衍、馬烽等上百位現當代文化名人的這類「寡母撫孤」現象。

　　周宗奇在《櫟樹年輪‧宙之詮釋》中有一段文字，也是鮮明例證之一：

　　　　如果換一種角度講，她們又都是幸運的和幸福的中國婦女，因為她們為之吃苦遭罪、蒙受屈辱、喪失種種人生享受的兒子馬樹銘，終於長大成人，出人頭地，變成了著名作家馬烽，按老百姓的通常說法，就是「成了氣候」，「是個人物」了！在中國，子貴母榮也是一件相當體面的事。「孟母擇鄰」、「陶母剪髮」、「徐母罵曹」、「岳母刺字」等著名歷史故事中的母親們之所以能夠為人敬頌、流傳至今，還不是因為她們的兒子們都是成了氣候的大人物嗎？

政治是隻「九頭鳥」

周宗奇說：「什麼叫政治？一百個人讀《紅樓夢》，就能讀出一百本《紅樓夢》來。道學家看到淫，革命家看到排滿，才子佳人看到纏綿悱惻的愛情，只有毛澤東看出那是政治。」

「政治」這個詞，在中國的特定「語境」中，已經被扭曲、污染，乃至異化。變成了權術權謀、「官場潛規則」的代名詞。傅國湧說：「一提及『政治』，人們便談虎色變，因為在大多數人的心目中，早已經把『政治』等同於『權力』，等同於『皇帝的餐桌』，一提起『政治』，人們首先就會聯想到爾虞我詐、勾心鬥角的陰謀詭計，聯想到普天之下、莫非王土，聯想到改朝換代，而不管是宮廷政變還是農民造反，無不瀰漫著一股血腥味。中國人之所以會把『政治』與『權力』掛起鉤來，一方面是因為我們從來都沒有真正擁有天賦的基本權利，一方面是當權者總是刻意使權力極度神祕化，策劃於密室之中，大搞暗箱作業，始終不離『君權神授』、『聖主英明』那一套。實際上這不過是見不得陽光的狹隘的政治，它與人類的政治文明完全是相背離的。」正是在這種特定「語境」中，那位由戲劇家而坐上總統寶座的哈威爾才提出「不是權力的權力」、「非政治的政治」。

周宗奇說：「我對政治其實特別感興趣，甚至可以說是到了酷愛的程度。（說到此處，周宗奇發出近乎羞澀的一笑，似乎向人袒露了內心的隱情。在中國這一特定「語境」中，敢於開誠佈公地說出「酷愛政治」，也是需要勇氣的。）什麼叫政治？我的理解就是替天

行道、為民說話。人之道是削不足補有餘，也就是趨炎附勢、錦上添花。天之道正好相反，是削有餘而補不足，也就是現在的時髦說法：關心弱勢群體。政策向弱勢群體傾斜。講究公正、提倡平衡。我理解的政治就是『當官不為民做主，不如回家賣紅薯』。紅薯是山藥蛋的同類項，不如就當個山藥蛋派作家，自己寫文章。」（說到此處，周宗奇哈哈大笑，為自己找到一個恰如其分的聯想而得意。）

周宗奇還說：「那時候，出身不好，不讓上大學。我考大學的時候情況好一些，是出身不好，不讓出省上全國性大學。當時是陶魯笳當省委書記，他想為省裏培養一批幹部，從文科考生中挑了一百五十個人，寫作能力比較強、政治上比較好的，辦了一個省委黨校政治系。這批學生沒有在高教部備案，文革中造反，人家高教部說沒有這批人的名字，所以當時說『黑省委黨校』。後來把我們和山西大學政治系合併了，畢業時一下拿到山西大學、省委黨校兩張畢業證書。我這樣的家庭出身，能進入黨校政治系，人家都覺得挺奇怪。後來據說一是我的高考作文分數相當好，二是繼父的政治資本——老貧協幹部、老共產黨員起了作用，大概把我作為可以教育好的子女了。」

周宗奇的一席話引起我浮想聯翩。

中國的文人向來矯情。明明身懷經天緯地之才，心存入閣出相之志，還不時流露「大鵬一日同風起，扶搖直上九萬里」、「長風破浪會有時，直掛雲帆濟滄海」。但當著人的面卻總要羞羞答答、遮遮掩掩，「猶抱琵琶半掩面」。一陣子說：「不知腐鼠成滋味，猜意鵷雛竟未休」，似乎他根本無意仕途。一陣子高歌一曲：『人生在世不稱意，明朝散髮弄扁舟』。『安能摧眉折腰事權貴，使我不得開心顏』，表現出一副文人傲骨。把心中理想抱負埋藏於內心

深處，不到火候不揭鍋。即便到鬱悶不堪，不吐不快之時，也採用一種折光反射的形式表現出來。李商隱可算典型一例。李商隱明明對「走馬蘭臺類轉蓬」的官場很有興趣，卻偏偏寫下那麼多的無題詩。什麼「春蠶到死絲方盡，蠟燭成灰淚始乾」、「身無彩鳳雙飛翼，心有靈犀一點通」、「此去蓬萊無多路，青鳥殷勤為探看」、「滄海遺珠空有淚，藍田生煙玉成灰」等等，比目皆是。愛情本來就是一個私人性的隱密話題，可當對政治孜孜以求而諱莫如深、不願明言之際，便寧可托詞於愛情。李商隱這些所謂的無題詩，其實政治指向的「主題」非常鮮明。中國幾千年的歷史，從來展示的都是一條失意政治家成為文學家、得意文學家成為政治家的軌跡。

　　大而化之，深而化之，幾千年的中國文化積澱，向來就是一個「達則兼濟天下，窮則獨善其身」的兩極思維模式。儒家的「修身、齊家、治國、平天下」的理想，更是把這一思維模式推向登峰造極的地步。其實說穿了，所謂超脫飄逸的老莊哲學，何嘗不是納入「廟堂和江湖」的思維模式？《老子》五千言，也許他的本意是一種超脫的教誨，可是最後令人感悟到的效果，仍是一種無以「為帝王師」的懊惱和失落。如老子的諸如「以其無私邪故能成其私」、「夫唯不爭故天下莫能與之爭」、「為無為則無不治」等說話方式，何嘗不是用心良苦地為當政當權階級獻計獻策，提供一種「新思維」？再諸如「古之善為道者，非以明民，將以愚之」、「是以聖人之治，虛其心，實其腹，弱其志，強其骨」之類，從這些話語中，我們解讀到的不也是禪思竭慮而獻上的一套愚民、馭民之術？我們看到的，分明不是什麼出世求道的隱士，而是一個心繫朝廷的諫客。在他高深幽遠的警言中，對權勢既屈從又恐懼的矛盾心理常常欲蓋彌彰地噴湧而出，甚至閃晃著俗不可耐的術數色彩。

至於法家、縱橫家就更是為虎作倀、為虎添翼，厚顏無恥又明目張膽地為帝王提供統治的「黑厚學」了。

在這一政治思維模式下，所謂的處世之學，意味著不是為人之學，它們遺忘了生命本體的存在、放棄了對生命意義的形而上追尋，甚至不屑於為自己的學說設置一個先驗的價值依據。所謂的處世，完全墮落成審時度勢、權衡利害。

本來，中國的文化人幾乎都存有「廟堂乎江湖乎」的內在矛盾，卻對這一內心矛盾顧此而言他，意屬於此而言歸於彼，言不由衷口是心非……

周宗奇說：「一個人，應該敢於公開地亮明自己的觀點，君子坦蕩蕩，小人常戚戚。熱心政治就說熱心政治，就像民主制度下的政治家，公開發表競選演講，公開競選市長、州長，競選總統。這很正常，沒必要吞半截吐半截。古希臘大思想家亞里斯多德在《政治論》中有一句名言：『人天生是政治的動物。』」

亞里斯多德關於「政治」的這句名言，施蟄存與黃偉經有過一段有趣的對話：

問：「亞里斯多德說過：『人是政治的動物。』此話怎講？動物多得很，人是哪一種？」

答：「有些人是野獸，會吃人的；有些人是家禽，被吃掉的。」

問：「這與政治有什麼關係？」

答：「前者是用政治吃人的，後者是被政治吃掉的。」

這就是周宗奇的「政治」觀。政治家不等同於政客。

唐達成說過的一句話，對我產生過極大震撼：「燕趙多慷慨悲壯之士，而我們現實中，是六億神州盡舜堯，更多了一些智叟、舜堯，而少了一些血性男兒。」

在周宗奇身上，我感到了「燕趙慷慨悲壯之士」的身影。

1940年代浙江大學訓導長費鞏的一句話，至今言猶在耳：「骨鯁之士太少而阿諛之徒太多。取巧者多，憨直者少；看風轉舵者多，硜硜不屈者少。」費鞏就是敢於直面國民黨特務暗殺的槍口和高懸的屠刀，以自己生命的實踐，履歷了在滿眼魑魅魍魎、人不如狗的濁世中，做一個正直、剛正的骨鯁之士，以抗橫逆，以存正氣。

圖科爾斯基說：「沒有別的事情會比生活在自己的時代，但敢於公開反對其時代並大聲說『不』，來得困難且需要個性。」

冷凍給後人解析的一段時光

我對周宗奇說：「寫你，『六四』恐怕是一個無法迴避的話題。可目前這還是一個敏感的禁區，不容觸及。」

我看到在周宗奇寫的馬烽傳中，有這樣一段話：

> 1989年，是發生「六四」政治風波的動亂年頭。對於這場一開始被稱作「反革命暴亂」的政治風波，看來當權政治家想採取「冷凍技術」，以便留給後世的歷史學家們去解凍、品嘗。那麼，筆者也就有意繞開它，「不進染房只說布」。

我琢磨著，我是否也須「見了紅燈繞道走」，也來個「不進染房只說布」。

周宗奇毫不遲疑地說：「該寫還是要寫，是怎麼個情況就怎麼寫。你要不怕，我就更不怕了。」說著，哈哈一笑：「我已經是死豬不怕開水燙了。」

周宗奇向我講了他「六四」的經歷和感受。

周宗奇說：「你別看我平時不多言語，實際上我對老百姓鬧事呀、遊行靜坐呀，特別欣賞，還喜歡積極參與。89年的時候，我就特別的興奮，涉及到打破舊有秩序呀、反對專制獨裁呀，對我特別有吸引力，其實我是註定要跳出來的。我們當時也多次一起談論此事，我、李銳、成一、李國濤等，想在《山西日報》發表一個聲明，《山西日報》問我們：『這可不是小事情，你們可想好了？』一發表白紙黑字，就是很嚴重的後果。我們當時也沒有想到，後來

會發展到那麼一種情況，就說：『考慮好了。』在《山西日報》登了一下，發表了個『聲明』。登出來以後，好多朋友都勸我：『你現在可要謹慎從事，你奮鬥到現在這個位置不容易，你啥事也沒有，人家還恨不得雞蛋裏面找骨頭，你還能自己授人以柄嗎？學生鬧就讓他們鬧，你們可不要參與。』其實我腦袋也很清醒，我也考慮過可能出現的後果，可是我就是說服不了自己，普通老百姓都在為正義而戰，你一個作家不參與，對得起自己的良心嗎？當時我就是這樣想的。第二次上街遊行，出了作協的院子，走到東四條口上，田東照跑上來拉住我說：『宗奇你是黨組成員，你不能去。』我說：『感謝你的好意相勸，咱們人各有志，誰也不要勉強誰。』田東照還說：『宗奇，咱們不是一般身分，你可得好好考慮考慮。』我還開玩笑說：『考慮好了，打成反革命，你再給我平反嘛。』田東照是作為朋友的一番好意嘛。我補充一句：「我對『文革』也不是現在一般人的看法，『文革』初開始，為什麼毛主席一發動，人們馬上起來回應？那些官老爺們騎在老百姓頭上作威作福，欺負老百姓太厲害了。壓之既久，其發必速。（胡經綸也持類似看法：「文革」初期鬥走資派，有的領導受到的衝擊就小，群眾在大氣候下只是走走形式、走走過場；而有些民憤、民怨大的，就吃了大苦頭。任何現象都存在極為複雜的背景和因果關係。）官僚主義壓得老百姓早就忍無可忍了，這回有毛主席撐腰（老人家是何動機，另當別論），可算逮住一個出氣的機會。」

「再回到『六四』。按說我大小也是個既得利益者，只要不出聲，就什麼也不會失去。可我做不到不出聲，那時什麼後果都扔到腦後了。我跟你說，我這個人從來是感情用事，不計後果，先幹了再說，有事再扛著，好漢做事好漢當。到了清查的時候，作協進

來兩個清查工作組，一個省委的，一個公安廳的。我真跟他們拍桌子叫喚：『我的簽名，貼五點聲明，誰也知道，我這人只搞陽謀，不搞陰謀。』人家說：『你就是這思想、這認識？』我說：『都是白紙黑字，還要怎麼認識？』我覺得沒有什麼錯，一個是要求新聞自由，一個是打倒李鵬，是他鑄成了歷史大錯，作家們錯在哪裏？當時人家重點是要追查誰起草的這兩句標語，誰書寫成橫幅上街的？這些我心裏都清楚，我不能承認，我說：『這種事，誰能記得清？你們沒法定案交帳的話，那麼我的職務最高，就定是我的責任好了。』一個頭頭說：『那要定槍斃呢？』我說：『那我害怕，可也沒辦法。』說到我們作協的最後一次遊行，也真叫衝！已經是五月底了，李鵬宣佈了北京的戒嚴令。按照對當時形勢的判斷，真是不該遊行了。在辦公院，就是一進東樓北面第一個家，現在的《黃河》，周彥遠那個家，就在那個家說起遊行的。當時閻晶明、張發等少壯派激動得不得了，非去遊行不可。我和成一說：『今天最好不要去，中央發來了正式文件，而且已經有很多鎮壓跡象，鬧不好，大家要吃虧的。』但少壯派很激動，說：『你們害怕就不要去。』結果是都去了，也惹出了大麻煩。工作組的人說：『那天遊行的人多了，你不要往自己身上攬，你不承認，我們也沒辦法落實。』（周宗奇嘿嘿一笑）當時周遭形成的那個氣氛，工作組也多是持同情態度。」

　　周宗奇大概是為了證實自己「絕非妄言」，他把1989年的全年日記本拿給了我，說：『白紙黑字，罪證如山。你隨便翻，這是我當時的真實寫照。』

　　日記是純私人的記錄。謝泳認為，日記是比回憶錄更牢靠的歷史記載。回憶錄中，人由於「今是而昨非」的潛意識，在「提高思

想覺悟」、獲得新的想像空間之後，難免會有某些遮掩、修飾、提煉、拔高。歷史的真實在人為的痕跡中被搞得霧裏看花甚至面目全非。

這是周宗奇對我的信任，或者說也寄予某種囑託。我應該對得起周宗奇的這份信任、這份囑託，不能讓歷史的塵埃和權勢話語的唾液淹沒熱血和真誠。透過周宗奇日記的字裏行間，我解讀了一位血性男兒的思維邏輯和心理軌跡。

以下我摘錄周宗奇這一時期的若干篇日記：

3月19日：看香港《鏡報》，有蘇紹智和張顯揚二位改革派理論家的講話，知上層又爭鬥正酣，風緊雲急。中國的所謂改革會有什麼結果，我想我還是早有預料的。儘管註定要失敗，但我對一批熱血勇士如方勵之、劉賓雁、蘇紹智、張顯揚、黎澍、于光遠、王若水、蘇曉康等，還是推崇備至。覺得多虧了他們，才有中國這一段較為有色澤的歷史。可惜自己命運不濟，不能躋身於此格局之中，以盡男兒抱負。至憾！

4月9日：放眼望去，樹木已然全綠，眼看是初夏時日了。

現在國是日非，沒有一個階層的人不心灰意懶、不腐化墮落。都在暗暗等待著一場風暴或死亡的到來。沒有一個人的話讓人相信。也沒有一句話讓大多數人都相信。

誰能振興這殘局，誰就是英雄。

誰能徹底打爛這殘局，誰也算得上是個英雄。

生不逢機遇，不能在這大風雨中一顯男兒本色，卻窩在東四條這麼個小地方與小人嘔氣、受人猜疑，真他媽的！

4月22日：北京學生正在鬧事，以悼念胡耀邦為由頭，引起當局一片驚慌。這形勢頗有點1976年四人幫快倒臺時的樣子。

5月6日：這幾天學潮迭起，當局一片驚慌。又是與學生對話，又是中外記者招待會，暗裏卻調動大批軍警，如臨大敵地對付學生。一個政權到了無能階段，大概都是如此吧！

學生們的著名口號有：「要民主要科學」、「打倒官倒」、「人民日報，胡說八道」、「該死的不死，不該死的死了」、「打倒官僚主義」……

前天是五四青年節，太原大學生也舉行遊行，但沒有標語牌，沒有熱烈的氣氛。市民們也麻木無反應。我給他們大鼓其掌，引起周圍人回頭觀望。

5月11日：沒想到這幾天學潮的規模不斷升級。北京自然已經搞得萬分紅火，即便是太原學生也出乎預料的勇敢，口號由開始的悼念胡耀邦發展到「清除腐敗」、「還我民主」、「打倒官倒」等。聽說還有「打倒鄧小平」之類的東西。

下午我帶相機在省委門口看熱鬧，已不見遊行學生，還有數千圍觀群眾。聽說鄧小平透過喬石給下頭有三條指示：一是搞好錄影錄音（顯然是為了秋後算帳），二是驅散集會人群，抓捕領頭人物；三是……（不詳）。這嚴厲的三條一宣傳到善於鎮壓人民的傳統官僚機器手中，那效果是可想而知的。果然，6時左右，突然從府東街西口跑過來數百名手提電警棍的軍警（顯然是從省委大院西門繞過來的），拉開一個很大的網，把數百名群眾包圍起來，又打又抓，至少將

幾十人扭打一頓並拉入省委大門。其他人群一哄而散，分別向府西街方向，食品街方向、府東街方向退去，但不走開，仍遠遠地圍觀，口中大罵當局和軍警，情緒激昂。包圍圈內軍警咋呼亂吼，摩托車四處衝撞，想繼續擴大控制範圍。地上丟棄的百多輛無主自行車，也被軍警們推入大院而去。我拍了幾張照片。

令我感慨的是，何朝何代，總有這麼些人充當統治者的打手。雖說是身不由己，但一臉的殘忍兇橫之氣，看不出有半點良知。這些蠢笨的動物真令人噁心。

5月17日：學運高潮，平民各階層大力支援。中國人的正氣於此可見一斑。方知不至於泯滅殆盡。

柯雲路、鄭義、麥天樞、趙瑜四人在北京參加了學潮，令人欽羨。在家的李銳夫婦、成一和我計議，不能無動於衷，必須表態，當即由成一擬稿，我和李銳去列印，徵求簽名。像李國濤、燕治國、秦溱、張發、馮池等人都簽了名。最後共有三、四十人吧。

他們又上街遊行，我因給母親檢查身體，未能參加這次活動。

北京學潮參加者已發展到上百萬。

周宗奇等六人給「中共中央、國務院」發去的電文，轉抄於後，以資記錄：

中共中央、國務院：

當前形勢危機，民族危機，國家危機！我們以如焚之心，緊急呼籲如下：

一、黨和國家領導人趙紫陽、李鵬立即親自出面與首都
　　絕食的學生見面對話，以緩和局勢。

二、滿足首都愛國學生的合理要求，承認這次學潮是愛國
　　民主運動而不是動亂。承認學生自治會的合法性。

三、你們領導人民開創了十年改革開放的新局面，我們
　　不願看到改革的歷史進程，由於一時的延誤被打亂
　　以至斷送。

山西作家：成一　李銳　蔣韻　周宗奇　李國濤　周山湖
　　　　　　　　　　　　　　　　　　一九八九‧五‧十八

　　5月18日：天安門廣場的絕食學生已達三千多人，昏倒
者達二千多人，就這樣，當局也不答應學生們的兩項簡單要
求：一是承認學生是民主愛國運動，而不是像4月26日《人
民日報》所發社論中說的「動亂」；二是與政府領導人公平
公開對話。當局沒有一點人道主義！聽說「動亂」二字出自
鄧之口，「金口玉言」，無人敢否定。

　　李鵬這個兒皇帝，像個小丑一樣，帶著李鐵映、閻明復
與學生對話，語無倫次，言不達意，而又十分霸道，出盡了
洋相。偉大中國讓這麼幾個低能兒治理，豈不悲哉。

　　5月19月：今天李鵬發佈了北京市戒嚴令，並調三個軍
的軍隊進北京，引起全國民眾極大憤慨。北京市民全體動
員，阻攔軍隊於城外，不能進城。用垃圾箱、隔離墩、果皮
箱等設置路障，用公共汽車阻擋軍車去路，各種反抗形式五
花八門，令人歎服。一個政府脫離人民到這種地步，真是史

所未有。手無寸鐵的民眾擋住武裝部隊的去路，亦是空前絕後。看來軍隊也不是很願意為他們賣命。

由於戒嚴令，頓使學潮變成全民爭取民主的大潮，不斷升級達到高潮。僅天安門廣場就有百萬之眾。全國各地皆有反響，僅太原上街遊行隊伍，少說也有二十萬人。群情激憤，矛頭正直指鄧小平、李鵬、楊尚昆這幾個禍國殃民的罪人。

作協絕大多數人都上了街。

聲援不聲援、簽名不簽名、遊行不遊行，正非常準確地對全體人員進行了一次人性素質的「大體檢」。

5月23日：太原街頭的遊行隊伍今天不多了。但作協的第四次遊行人數卻最多，加上「山西文藝界」報社的幾個人，加上文聯機關的岳麗萍和張海英，後來又加上北岳社的沈豪、郭天印、李建華等，總共有六十多人。口號有兩條：「強烈抗議新聞封鎖」、「反對獨裁，李鵬下臺」。從府東街上解放路，上迎澤大街到五一廣場，沿五一路回機關，轉了一大圈。在廣場時達到高潮。圍觀尾隨之民眾達數千人，居然喊出「跟著作家走」的口號。

這次遊行可說轟動全城。一旦鄧、李當局報復，我這個最高級別的遊行者首當其衝。不過我早就有了思想準備，寧願遭其報復，也要喊出心聲！要真正像個人活一回！

5月24日：凌晨1時許，張改榮打來電話，說周景芳從深圳給她打電話，李鵬辭職，鄧小平說他從未授權可以調部隊進城。這消息令人又喜又疑，我當即給成一、張發打電話，還給張發開了個小玩笑，說：「公安廳要抓昨天上街的人，你是頭一名。」張發倒是坦然地說：「不怕，讓他們來抓吧。」

下午2時40分的火車，送母親回老家……每到一地，人們皆談論國家現狀，無不對當局責罵而對學生同情支持。

5月31日：全國各級衙門紛紛表態支持鄧李，這種官僚機器的官樣文章令人可笑又可惡。有人擔心要秋後算帳，算吧，我已作好充分的思想準備，想怎麼報復都成。

下午傳達什麼「五二二」文件，完全是顛倒黑白，一派假話，好像造成目前狀態的原因不是黨內腐敗和制止腐敗不力，而是大學生們的罪過。硬說是極少數極少數壞人煽動學生鬧事（上百萬人的群眾運動不可能不雜有個別壞人），真是不知天下有羞恥二字。

我當即在會上表態：一、學生是愛國民主運動，不是動亂。二、「四二六」社論是錯誤的（《人民日報》4月26日的社論說是動亂）。

我又質問偽君子焦祖堯：一、是愛國民主運動還是動亂？二、是前次反資產階級自由化不徹底所致，還是黨內腐敗所致？該偽君子支支唔唔，語無倫次。這個風派人物、這個投機份子、這個一貫齷齪的政客，不能讓他再欺世盜名了。

周宗奇不僅在會上敢於直言，而且早在5月18日，就發表致黨組、作家、編輯的「公開信」，張貼於機關大院傳達室對面的廣告欄：

致作協黨組、作家、編輯及全體同志們的公開信

看看電視裏那些激動人心的畫面，聽聽廣播裏那些昂奮的聲音吧，面對首都各界和省城學生愛國民主運動的高潮，面對首都各界尤其是文藝新聞界的鮮明態度，我們怎麼辦？還麻木不仁嗎？

我們是群眾團體還是官衙門，我們是作家編輯還是政客，我們應該站在改革一邊還是站在腐敗一邊，我們是說大話空話的偽君子還是社會的良心、人民最敏銳的代言人？我們是有血性有骨氣的人，還是患得患失、蠅名蝸利的軟骨頭？同志們，以各種方式支援首都和省城學生。主席團，向黨和政府、向社會表明你們的態度吧！一切都可以不要，但良心不能不要，讓自己的肩上扛著自己的腦袋吧！

1989年6月2日，省作協機關已向全體黨員傳達了楊尚昆的「五二二講話」，這時候，形勢已經明朗，中央的態度也已經十分鮮明。而就在這天晚上，周宗奇「深夜11時，我重溫了黨章上黨員義務第五條：對黨忠誠老實，言行一致，不隱瞞自己的政治觀點，不歪曲事實真相。」（摘自周宗奇「雙清」時的檢查稿。）於是寫了一份〈公開觀點〉，並於6月3日貼在機關大院傳達室對面的廣告欄上。這已經是那個「血腥星期六」的前夜了。這就是後來被省委派駐作協聯絡組定為周宗奇重大「罪狀」的五點聲明。為了保留歷史的原貌，我全文摘錄如下：

據說目前風聲很緊，要進行秋後算帳。已經有什麼黑名單白名單之類。我覺得，作為一個黨員作家，這時候更應該站出來向黨說心裏話、真心話。

一、「五月學潮」是愛國民主運動而不是「動亂」。儘管學生中也混有極少數的不法份子，儘管國內外也有某些個人和團體想插手和左右學生運動，但也無法改變「五月學潮」的本質和主流。

二、總書記趙紫陽不同意「四二六」社論觀點和調軍隊進首都是正確的。造成「五月學潮」的根本原因是黨內腐敗現象以及清除腐敗不力，造成學潮升級以至造成嚴重局面和緊急狀態。是黨政領導同志掉以輕心和缺乏誠意。那麼，最後要動用強權手段去掩飾過失就是錯上加錯。

三、黨內民主生活不正常。黨的總書記居然不是黨的最高領袖，軍委主席指揮黨的總書記，這是違反黨章的，令廣大黨員難以理解和信服。請問跟黨中央保持一致的提法應該怎樣理解？十年來，兩位總書記都錯了，我們現在應該跟誰領導下的黨中央保持一致？會不會又保持錯了？

四、我提個建議：黨內外對「五月學潮」有各種不同看法是正常現象，應該允許並積極組織全體黨員和人民群眾進行公開討論、爭論，以期達到統一認識、統一步調的目的。而不應該急於追求一種表面上的團結一致再搞「一言堂」。應該號召每個黨員和每個黨的基層組織深入下去搞社會調查、搞民意測驗，大膽地、實事求是地向黨中央提供真實情況。與其說我們的國家不能再亂了，不如說我們的黨不能再犯錯誤了。

五、作為一個身居下層的普通黨員，可能對全部情況瞭解甚少，將來一旦證明我上述觀點有錯，我願公開認錯。但是在此之前我絕不改變觀點。假如為此黨要懲治我，我甘願自食其果。讓將來的歷史為我昭雪。

中國作家協會山西分會副主席周宗奇

西元1989年6月3日

6月5日：前天晚上，北京發生了對和平居民及學生的大屠殺，而被控制的官方新聞媒體都說是發生了反革命暴亂。真是令人髮指的血腥罪行。令人憤恨的顛倒黑白。據說已死亡一萬多人，一萬條人命啊！罪魁禍首絕難逃脫可恥的下場。

我說這次對待「五月學潮」的態度，就是一次對每個人的精神大體檢，或說是人格大體檢。你的素質有多高一清二楚。以作協為例，最積極者為鄭義、柯雲路、趙瑜、成一、李銳等，最差勁者為焦祖堯等；編輯方面，最積極者為周山湖、張發、秦溱、燕治國、批評家三後生（謝泳、閻晶民、楊占平）；北岳出版社：好者為林有光、張仁健、沈豪等，差者為羅繼長等。

所謂「藝術精英」們的個人素質尚且如此低劣，整個國民素質就可想而知。怪不得會有如此為所欲為的統治者呢。

晚飯在李銳家吃，因為鍾道新來了。同席有張發、秦溱、成一，後來又來了山湖、二湖等人。晚上與李銳、成一同宿於前頭文學院空房內，原傳說今天要抓我們，但一夜無話。

6月7日：昨夜是在太原市師範街3號烏魯木齊軍區太原離職幹部休養所8幢3號過的。是為逃避所謂的抓捕。昨天下午，張銳鋒說當局要抓黑名單上的人。而作協是我、李銳、成一上了黑名單。這消息不管是真是假，大家還是說躲出去為好。因為當局已經失去理智，既然能瘋狂地槍殺無辜的首都居民，也完全可以幹出亂抓亂殺的瘋狂之舉。於是我來到這個地方，暫躲一夜，受到二湖及魏家姐弟的熱情照顧。

　　昨夜聽美國之音電臺廣播，有傳言說鄧小平已死，說38軍與27軍有磨擦，說北京市民的抗暴活動還在進行，說上海、廣州、南京、武漢、西安、成都等地的群眾示威活動也已興起，當局要戒嚴云云。

　　昨晚電視上播出袁木代表國務院舉行記者招待會的實況，令人覺得可笑。首先，只有中國記者；其次，沒有一個記者提問（是否為記者，令人懷疑）；最後只由袁木、袁立本、張工（軍隊代表、戒嚴部隊少將）胡言亂語了一番，草草收場了。這樣的記者招待會恐怕只有中國現在的當權者才能做出，簡直是滑天下之大稽。

　　據說有一青年軍官刺殺李鵬未遂（傷了他），自己開槍自殺。

　　6月3日晚到6月4日凌晨，在首都的大屠殺中，有不少可歌可泣的事蹟：一位青年以血肉之軀擋住一個坦克車隊，最後壯烈犧牲。中央人民廣播電臺一位英語播音員，廣播了自己的一段話，大意是：「全世界和平的人們，請記住6月3日這個血腥的日子、在中國首都北京，戒嚴部隊向手無寸鐵的北京居民和學生瘋狂開槍，至現在已打死打傷數千人，其中包括我的同事。」此人必死無疑。但死得英雄無比，永遠會彪炳史冊。北京居民英勇抗暴，據官方公佈說已燒毀軍車三百多輛。

　　這幾天的電視播音員全不讓亮相，因為他（她）們那悲憤的面容，身著黑紗的哀服（杜憲），低沉控訴的聲音，都會讓當局大為不安。而使全體電視觀眾明辨是非。於是軍事強權者們使用槍把他（她）們監視起來，逼著其播音，但不

讓其露面，於是，新聞聯播和午、晚間新聞便全成了沒頭沒尾的雜亂片段，內容也極為貧乏，節目也很不準時。如昨晚就取消了早就預告過的譯製片《馬普羅小姐》。

這，恐怕也是全世界新聞史上的醜聞吧！

暴政短命，人民是殺不完的。人民和正義必勝！

一小撮雙手沾滿人民鮮血約劊子手絕沒有好下場！

6月14日：昨晚10時，崔巍敲門進來，對我的境遇也大表擔心。在他是誠心為友，在我是討厭同情。我為說真話而受整，丟人不在我。開除黨籍也罷，怎麼處理也罷，悉聽尊便。

想好一副對子：「有膽真快活；無官一身輕」。橫批：「阿彌陀佛」。

6月26日：前天中央開會，將趙紫陽黨內外一切職務都撤掉了，只保留黨籍。胡啟立、芮杏文、閻明復跟著受處分，但仍保留中央委員資格。新上臺的總書記是原上海市委書記江澤民。另外進常委班子的還有李瑞環和宋平，加上上屆留任的喬石、李鵬、姚依林，就是六位了，雙數，不好表決，都聽鄧小平就是了，用不著表決的。

省委書記王茂林在講話中提到了我的「五點聲明」——即6月3日的〈公開觀點〉。我不妨為他抄上一份寄去，讓他看看周宗奇的氣魄。同時想給他寫一封信。

茂林同志：

您好！知道您很忙。我是萬不得已才打擾您。請您耐心地看完這封信。

　　最近，在作為省委文件下發的您的講話中，提到作協有人對「動亂」提出了五點聲明，這可能就是指我的〈公開觀點〉。現將我的五個觀點憑記憶抄出，奉上請閱，以便能夠全面掌握情況。我是個作家，對社會問題不能沒有自己的看法。我又是個黨員，有不同看法，不能不坦誠地向黨交心，得到黨的指正或批評。我是問心無愧的。

　　但是，寫這封信的目的，不是想替我自己辯白，求得您和省委對我的問題的理解和諒解，來個從寬發落。我還不至於這樣沒骨氣。我是想請求您，在當前改革與保守又一次較量的歷史性關口，能夠保護我省一批最優秀的知識份子，如柯雲路、鄭義、趙瑜等。他們正面臨著一場滅頂之災。他們沒什麼錯，更沒什麼罪，無非是為捍衛改革成果衝到了第一線而已。從多年來我們對您的瞭解和尊重，我相信您是願意和能夠保護他們的。

　　說心裏話，我們山西像您這樣勇於改革的領導人物太少了，像柯、鄭、趙這樣獻身改革的血性漢子也太少了，相反，守舊派、秋後算帳派太多了。

　　不想把這封信寫下去了。他這種官場人物值得信賴嗎？再看看。

　　1990年春節，周宗奇赫然把一幅自撰的春聯貼在門首：

　　上聯：「世界空間大多聚友少聚財」；下聯：「生活哲理深寧丟官不丟人」；橫批：「周宗奇說」。

　　周宗奇在日記中提到：「這次對待『五月學潮』的態度，就是一次對每個人的精神大體檢，或說是人格大體檢。」周宗奇還很

下辛苦地為作協七十餘號人馬做了一份「體檢表」。周宗奇稱之為「一項小小的社會調查」。

周宗奇開宗明義，在「體檢表」的開頭就說：

在此次名震中外而且必將彪炳史冊的學生愛國民主運動
（恕我不敢苟同某些人那種缺乏實事求是精神和科學態度的
「動亂」之說）中，中國作家協會山西分會所有在冊的七十
人中，各類表現分類如下：

周宗奇根據對此一事件的態度，把機關人員劃分為七類：一、積極參與聲援簽名、遊行的（三十八人名單）；二、積極支持家庭成員或親朋好友參加聲援，或者暗中為聲援活動作出貢獻的（十人名單）；三、公開或私下表態支持或同情的（八人名單，其中註明：西戎，曾說過大意是這樣的話：「學生們是對的，政府太腐敗了。」）；四、表示內心支持但有所顧忌、不願公開表態的（註明：田東照曾說大意是這樣的話：「咱剛調上來，得給上面交代呀。」）；五、態度不明而本調查者又無暇或無意去探究（停薪留職、長期養病等人員）；六、公開表態反對的（註明：馬烽：註1：該老作家的著名言論是：「中央首長那麼忙，怎能去見絕食學生？」註2：說此話時，僅北京一地，已有二千多名學生絕食暈倒，生命垂危。註3：該老作家是全國人大代表。如果本調查者理解力正常的話，「全國人大代表」即應為全國人民的代表者之意。）；七、公開以行動阻攔反對的（註明：焦祖堯：註1：該官員身兼作協主席、作協黨組書記、省委後補委員、「十三大代表」等要職。註2：該官員在前次之「反自由化」中即表現不俗，實為當今中國文壇上為數極少的幾位「左派」驍將之一。註3：該官員

平日曾有一句著名的豪言壯語：「我要到人民中間去！」其以呢喃輕軟之吳語說出，抑揚頓挫，煞是動聽，足可成千古絕調。）

末尾還有一條特補：「老詩人岡夫以退職之身，以八十三歲高齡，亦滿懷激烈地參加了聲援簽名活動。」

周宗奇還在此份「體檢表」的最後，寫了一段調查後語：

1、 調查者盡量不對人事作褒貶評介，只求把事實開出。但本調查者卻不是沒有心肝的機器人，不能沒有是非好惡之自然流露，倘不慎衝碰了誰，敬請原諒。

2、 因時間倉促，本調查肯定會有所疏漏及失實之處，一旦有人提出正當之更正要求，本調查者即刻予以更正並當面致歉。

3、 本調查者的調查目的，一是當作一次民意測驗；二是為日後的中國歷史立此小小存照，以備後人檢閱；三是倘能以此白紙黑字為「秋後算帳」者丟下一個現成的把柄，也可為他們節約一點整人的時間，亦是成人之美吧！

我要特別強調一下時間：此「體檢表」進行於5月21日，是在中央「五一九」宣佈戒嚴令之後，也就是後來的「雙清」區別「性質」的界限之後。

周宗奇自我表白說：「那段時間，我就像打上興奮劑，特別興奮，特別激動」。

周宗奇投身政治活動的熱情，由此可見一斑。

讓我們再來看周宗奇寫於1989年12月20日的一篇日記：

凌晨4時起，起草「圖存書」。

一、為了直接了當地談問題，我冒昧地使用「自己人」的語言說話，請原諒。

二、說到底，中國自古以來只有一種矛盾鬥爭：改革與保守的矛盾鬥爭。解放以來，改革對保守的大衝擊有兩次：「文革」十年的「非自覺衝擊」和最近十年的「自覺衝擊」。現在，第二次大衝擊取得了相當可觀的戰績以後，正面臨著保守派反攻倒算的全面壓力。中國的保守派是世界上最強大的，因而它的反攻倒算也是最殘酷可怕的。這已經為無數歷史事實所證明，並將繼續證明。對於當今中國的改革派來說，形勢是嚴峻的，根本不容樂觀。

三、目前，改革派的戰略決策只能是：減少正面出擊，盡量避免正面接觸，盡可能多地保存實力和堅守已有陣地，總之是以守為攻，積聚力量，等待時機。

四、全國各省的時局，這裏不敢冒昧指陳，只就山西文學界的情況略談一二淺見。

五、整體而言，在當前形勢下，文學界的改革勢力仍稍佔多數，主要成分為：1、全省中青年作家中的百分之八十；2、地市文聯領導中的百分之五十；3、全省文學編輯中的百分之六十五；4、全省中青年作者中的百分之七十；5、全省老作家中的百分之二十；6、全省文學理論隊伍中的百分之六十；在這支改革派隊伍中，「鐵幹」力量約佔百分之二十至二十五，以駐會大多數中青年作家和編輯為核心。

六、但是，文學界的兩種力量的矛盾衝突主要發生在省城，發生在作協大院。就此而言，目前改革派則完全處於劣勢。保守派正借「動亂問題」，從政治上狠狠打擊改革派的代表——駐會大多數中青年作家和編輯，又借「評職稱」問題收買擴充自己的隊伍，主要是各地市文聯的頭頭們。在此基礎上達到直接或間接地控制作協的最高領導權。並爭取得到山西政界保守派領導人物的明確表態支持。

七、最令人擔憂的不是保守勢力的反攻倒算，而是改革派自身的缺陷和失誤。缺陷是很明顯的，諸如缺乏政治鬥爭經驗、鋒芒外露、各自為戰、自由散漫等。主要失誤表現在：推舉的領袖人物（焦）很不理想，此人的優點不少，但致命的弱點有二，一是極其自私狹隘的「梁山王倫情結」，容不得大多數中青年作家的存在；二是政治上軟弱，缺乏逆流而上的骨氣，而關鍵時刻一般都是僅以保全自己為目的。

八、眼下應該做出何種具體反應呢？最重要的是：1、防止作協最高領導權落入保守派或其代理人手裏；2、盡快成立文學院，以此聯繫、團結組織中青年作家和全省改革派力量；3、防止核心人物（焦）的妥協。

周宗奇1989年11月11日的日記中，還有這樣的文字：

……去全省每個縣跑一遍，一個縣大致待十天，閱抄縣誌，實地考察……

　　「六四」已經過去半年，周宗奇自身正處於被「雙清」中，卻仍壯懷激烈地寫出「圖存書」，做出「走遍全省各個縣」的宏大「行動計畫」，從中讓人讀到一介書生「位卑未敢忘憂國」的強烈參政意識和拳拳報國之心。

周宗奇說:「說句丟份的話,只要我願意, 為朋友丟掉黨性去犯錯誤也幹。」

　　周宗奇曾對我說過這樣的話:「我這個人就這樣,你即便是個壞人,你對我有恩,在我眼裏你就是好人,比如霍縣礦那個給我改正成分的軍代表。」

　　弗洛姆在《為自己的人》一書中,提出一個「權威主義倫理學」和「人道主義倫理學」的理論。他說:「權威主義倫理學對何者為善、何者為惡的解答,主要是根據權威的利益來定,而不是根據人的利益而定。」他還說:「道德的標準不應該是根據一個人是否適應於他的社會來決定,而是相反,必須根據社會是否適應了人的需要來決定。」在周宗奇的腦子裏,大概無視「權威主義倫理學」,而只有「人道主義倫理學」的概念。

　　熟悉周宗奇的人都知道,周宗奇講究一個「義」字,甚至講義氣到「是非不分」的地步。我們從前面周宗奇寫給省委宣傳部長張維慶的信中已經看到,他也絲毫不掩飾自己的「政治上的不成熟」:

　　　　我從來都是一個重感情講義氣的人,把理智和原則不當回事;說句丟份的話,只要我願意,為朋友丟掉黨性去犯錯誤也幹。

　　周宗奇給我講了幾次他與紀檢部門打「交道」的情形。

　　周宗奇說:「第一次是我們去日本,胡正的團長,我、成一、王子碩還有運城文聯的李逸民,組成五人作家代表團。我們在日本

活動期間，每人節省了二百萬日圓，我們很老實，節餘這麼多錢，就花一小部分錢買了個電器，大宗回來交公。別的團那是全花光的。回來後，我回老家了。剛進門與老娘說話，公社來了個司機，傳話說：『周宗奇，你到公社去一下，有個事情要談談。』哎喲，我覺得很奇怪，平時我和公社從沒聯絡。我問什麼事，他說：『上面有人找你。』我預感不好。到了鄉里，是省紀檢委姓馬的，芮城人，說：『你們出國都幹了些什麼，犯什麼錯誤了？』我覺得我們買個電器有啥，就如實講了。姓馬的說：『你講講全部的過程，誰出的主意、誰具體操辦，講清楚，你是個普通團員，主動交代可以免除處分。』我說：『老馬，這個事情，你就不要做我的工作，團長胡正人家做了好事，我還能把人家賣了嗎？』我說：『誰想寫誰寫，我不寫。』他說：『你表個態。』，我說：『揭發也不寫，表態也不寫，我一個字都不寫。』弄得氣氛很僵。公社書記說：『宗奇，你看你，你表個態，人家回去也好交代。』我就是不寫。結果他回到運城，找李逸民，李逸民那是個好人，膽小，他們對李逸民說：『我剛從周宗奇家來。』李逸民知道我回家了，他也相信，他們說：『周宗奇已經把這件事講得很清楚了，看你的態度怎麼樣，你是個老同志了，不要到老再背個處分。』李逸民就給寫了個東西。後來，給胡正、王子碩嚴重警告，我和成一都是警告，李逸民則免於處分。李逸民到太原，見到我就說：『人家找你了嗎？』我說：『找了，我啥也沒說。』李逸民說：『壞了，把我裝進去了，我給人家寫東西了。』我說：『反正紙裏包不住火，也沒啥。』這是第一次，落下個態度不好。」

「第二次是在大同二輕局。我是《山西文學》主編，當年財政撥的經費不夠，自己出增刊，想掙錢，以文養文。當時一期增刊

三萬元錢。我帶上《山西文學》全班人馬，還有老焦，因為老焦熟悉大同嘛，我和老焦關係也不錯，我說：『你給咱寫一篇，你在外面影響也大。』他說行。事情都過去一、兩個月了，突然紀檢委又找來了，說：『大同輕工局有人揭發，說你們給輕工局歌功頌德，收了人家幾十萬塊錢，還在那裏胡吃海喝，住豪華賓館，花了多少多少錢，還拿了人家高級禮品。你是主辦人。你把這過程講一講。』我說：『這件事情不假，三萬元錢也掙啦，還每人拿了一個贈品銅火鍋，除此之外還能查出任何問題，我負全責。什麼幾十萬塊錢，什麼胡吃海喝，全是無稽之談。他們輕工局兩派鬥爭，弄出這事。』他說：『不可能吧？』我說那你去落實：『如果不是，加重處理。』就一個八、九十塊錢銅火鍋，你猜老焦王八蛋怎麼著，他一個人將銅火鍋送回紀檢委，說這是他們帶回來送到我家的，我不知情。實際情形是，老焦採訪完就提前回太原了，燕治國好心，說我給老焦把銅火鍋帶回去。現在他為了洗刷自己，不惜坑大家。紀檢委的人就說了：『你看焦祖堯同志多有覺悟，就把火鍋送回來了』。我一聽就火了，我說：『一個火鍋算個啥，他老焦要退，也給大家打個招呼一塊退嘛。這算屁覺悟！』我回來對大家說：『銅火鍋一個都不退，有事我頂著。』後來真沒退也沒事了。但紀委的人算把我記準了。」

「第三次就是『六四』，那談得多了。咱們機關，平常一盤散沙，關鍵時候真可以鰾到一塊，沒有賣友求榮的。紀檢委還有公安局的人一直追問誰是發起者、組織者之類。我說，當時的實際情況是：人們都無法正常上班，每天擁在資料室傳達室等地方交流資訊，議論紛紛。那時，誰想把自己的想法強加給大家，根本是不可能的。但大家同意的只要有人隨便說一聲，便形成決定，自告奮勇

地分頭去幹。真有那麼一位坐陣指揮的人物，那是高抬了他。所以我實在想不出，是誰第一個提議的。我不能毫無把握地指認某個同志。假如非得有這麼一個人不能結案的話，那麼我願意承擔這份責任，因為我是黨組成員，當時最大的頭兒。」

「第四次……」（這是第四次作代會換屆前，關於「倒焦」而被紀檢委指控為「搞非組織的小動作」。此節我在〈在病房——焦祖堯十年執政記憶〉一篇中有詳述，此處不再重複。）

奧塔維奧·帕斯說：「他所說的，即便是當他犯錯誤的時候，對我來說也幾乎是不可或缺的。讓我換句話說：對我們……他的同時代人，都是不可或缺的。他激烈地經歷了我們這個時代的理想、鬥爭和悲劇，而別人則激烈地過著緊張的私人生活。他是一種良心和一種熱情……」

史學家文學家陳寅恪在1950年正式刊行的《元白詩箋證稿》一書中，他談到這樣一個歷史慣例：但凡新舊交替之時，總有人佔便宜，也總有人吃大虧。那些乖巧的小人，「往往富貴榮顯，身泰名遂」；而那些刻板的君子，則常「感受苦痛，終於消滅而後已」。為什麼呢？就因為其時新舊道德標準和新舊社會風氣「並存雜用」，有的人善於利用形勢適應環境，而有的人則無此「乖巧」而已。

寫作，成為精神的支撐，
成為生命的一部分

　　人的生命是由無數個日子的細胞所組成。1989年的「六四」，成為周宗奇命運的轉捩點，也成為他文學創作的分水嶺。

　　周宗奇說：「實際上，你已經浪費了好多創作的生命，你生活中的很多感受，就像流水一樣，從你的指縫裏流走了。現在好了，你可以靜下心來，好好寫一些自己願意寫的東西。作家作家，『坐』回家裏。名符其實。」

　　周宗奇為我講述了貫穿他一生始終的「作家夢」。

　　周宗奇說：「我的寫作才能，從小學到中學到大學，都是全校出名的。大躍進時放衛星，叫我這中學生放的衛星就是寫一部長篇小說。另一部是分給一位名叫胡竹便的女同學寫，她後來考上北師大中文系，但未能成為作家。我從小的理想就是當一個作家。」

　　「大學臨畢業，學軍一年，在北京軍區一個防化兵部隊。69年珍寶島事件後，不讓學生在軍營了，讓我去霍縣報到。那天，在霍縣站下了車，下著雨，風挺大的，剛過完年，路過一個鐵木廠，堆著廢鐵，鏽跡斑斑，淒淒清清，風颳起一片骯髒。我想，把我分到這麼個小廠，可就糟了，心裏七上八下的。結果到了縣裏，人家說：『你們不在這兒，在礦務局呢。』我當時聽了，心裏挺高興，礦務局雖是挖煤的，畢竟是國營大單位。然後，分到霍縣礦務局辛置煤礦場。我對第一次下煤窯的印象可深了。一開始是分在南下莊礦，是個斜井，不坐罐籠，六百六十級臺階，一級一級往下走。鼓

風機勁可大了，呼呼的聲音，吹得你啥響聲也聽不見。我從小要當一個作家，這一下跌落到黑窟窿裏，覺得這一輩子全完了。」

周宗奇在他的第一本小說集《無聲的細流》後記中有這樣一段話：

> 那時，我才二十多歲，從小就有的美妙理想化為一場惡夢，面對茫茫人生之途不寒而慄，覺得自己就是世界上最倒楣、最可憐的人了。於是乎，那股悲憤怨恨之氣呀，可就大啦。

對於那六百六十級臺階，周宗奇記憶猶新。他就這樣一步一個臺階，走進人生的低谷中。而走上文壇，他又走過多少臺階呢？周宗奇的今日，來之不易。

周宗奇還向我講述了他的「自殺」，那段不堪回首月明中的悽楚經歷：

「1968、1969、1970，這三年是咱們國家最暗淡的歲月，也是我心情最灰暗的年頭。你筆桿子有兩下，寫材料就把你抽上來，可關係還在隊裏，出身不好，不敢給你調動工作。這種過了今天不知明天怎樣的日子，對人的心靈是最煎熬的。希望總不斷湧現，可希望後面是更大的絕望。我從1972年開始寫作。寫作成為一種宣洩、一種排遣，成為一種精神的支撐，真正成為你生命的一部分。那時候為了能夠發表嘛，抱著改變命運的衝動，只能按著時興的路子來，也是塑造高大形象，『三突出』那一套。你知不知道，高爾基剛剛走上創作之路時也自殺過，用手槍對準自己的胸膛，打偏了一點，沒有射中心臟，把肺葉打穿了？我能理解高爾基，一種對自己能力的懷疑、一種對過平庸生活的恐懼，大於死。死其實是想活得更美好。

現實主義者很容易走向實用主義，而理想主義是最脆弱的，一旦理想破滅，他就絕望了。少年維特之煩惱，青春期的騷動。我氣到不行，心想我這一生，沒有做過任何壞事，怎麼就攤上這麼一個命。什麼天生我材必有用！前途的亮光在哪兒呀？心情非常不好，我當時就真不想活了，準備了一瓶安眠藥……喝是喝了，卻鬼使神差地沒能死，命不該絕呀。」

　　也許是事情過去很久，周宗奇講得很平靜。然而我聽了，卻很難平靜，我感到了一種生命激情的湧動。一種不甘寂寞、不甘平庸的生命拚搏。

周宗奇筆下的楊深秀
——寫文章其實是在寫自己

　　我對周宗奇說：「我從你的早期小說中就可以看出，你筆下對於那些有骨氣而不得志，又不合時宜，甚至不為社會所接受的人，寄予了深深的同情和敬意。比如你的『老幹事吳誠』，當了一輩子幹事，就是得不到一官半職的提升。其他作品中的霍師傅呀，我的『第一個師傅』呀，都是這種不合時宜的人。」

　　周宗奇說：「我就喜歡寫講義氣的人、硬氣一些的人、主流邊緣的人。」

　　1990年代以後，周宗奇「窮則獨善其身」，退守書齋，開始他那洋洋灑灑二百五十萬字的《中國歷代文字獄紀實》的浩大工程。周宗奇說：「搞《文字獄》，我最早的衝動在楊深秀。」

　　楊深秀是山西聞喜儀張村人。他出生於一戶家道中落的書香門第，幼喪雙親，為大伯父楊崇烈收養。他十歲時即能賦詩作畫，父老譽為神童。二十一歲中舉，廣涉經史、考據、說文、音韻、地理、算計、佛經諸書。1889年光緒親政，授刑部主事，累遷刑部郎中。1898年戊戌變法開始，楊深秀和康有為、梁啟超等一起，成為維新運動的中心人物。為宣傳變法，曾與康廣仁一道，上〈請釐定文體折〉，要求科考之文「當議論時事，不得仍破承八股之式」。時朝中守舊大臣盈庭，光緒皇帝左右動搖。楊深秀再於4月13日上書，認為維新與守舊之間，「互相水火，有如仇仇……」要求：「明降諭旨，著定國是，宣佈維新之意，痛斥守舊之弊。」在楊深

秀影響下，光緒於4月23日頒佈《明定國是詔》，公開宣佈變法。八月初六，慈禧發動政變。此即為中國近代史上著名的戊戌變法「百日維新」。變法失敗，當時「京師人人自危，志士或捕或匿，奸焰昌皮，莫敢攖其鋒」。楊深秀卻大義凜然，不顧個人安危，於初八日上書慈禧：「詰問皇上被廢之故。援引大義切陳國難，請西後撤簾歸政。」被捕後，於8月13日以「大逆不道」的罪名，和譚嗣同等五人被殺於北京菜市口，時稱「戊戌六君子」。楊深秀留下許多熱血激蕩的詩句，從中頗見其人格人品：「風氣新成繞指柔，問君能否曲如鉤？」、「雞蟲得失須臾事，大鳥從他笑鷖鳩。」、「如此頭顱欲何為？只應閉戶學雌守。」、「嗚呼當時神駿姿，豈意今成牛馬走。」、「太行無限英雄骨，化石猶然望渡河。」、「五月城中望眼枯，他年把臂於忠肅。」等等，讀來讓人熱血中湧、摧肝裂膽。

　　周宗奇說：「楊深秀是『戊戌變法六君子』之一。他的事情我知道得早，對我有很大的影響。我覺得中國知識份子到近代，楊深秀絕對是個人物。六君子裏現在評價最高的是譚嗣同，他那一句名言：『各國變法，無不從流血而成，今中國未聞有因變法而流血者，此國家所以不昌盛也。有之，請從嗣同始。』成為空谷足音，千古絕唱。『戊戌六君子』中，康廣仁是替他哥哥康有為去死；而楊深秀則是自己找死。本來他的罪不至於判死刑，慈禧太后政變成功，把光緒皇帝軟禁在瀛臺之後，他『不識時務』，給慈禧太后上了個摺子，說你這個不對，應該還政於皇上，你應該推行皇上的新政。在這最關鍵的時候，好傢伙，你跳出來說這麼一番話，不是找死嗎？我一直想為他寫本書，他太值得寫了。六個人裏，他是年齡最大的，死時已經四十九歲了，還像個熱血衝動的小青年，京

官當了二十年，你想，在北京官場上混了二十年，按說都混成官油子了，他居然像一個入世不深的熱血青年，與舊官場一刀兩斷，不惜以身試法，捨生取義。你再看看，他和剛毅早就是好朋友，剛毅在山西做巡撫時，楊深秀當時擔任山西最高學府令德堂山長，相當於現在的山西大學校長吧，私交特別好。剛毅沒文化，一切重要文稿，都是讓楊深秀給他代寫的。兩人好到什麼程度？就是剛毅每年都要到聞喜縣去看望楊深秀的母親。可剛毅從山西調做京官，當了大學士，成了保守派的核心人物，與帝派的『戊戌六君子』是對立面。你想，當年的好朋友由省委書記當上副總理了，一般人誰不趨奉？可楊深秀就是不見他，最後見了一面，是怎麼見的？在刑場！剛毅是監斬官，楊深秀是死刑犯，你看這戲劇性大不大？好多人勸過他，剛毅是管這案子的，憑你們的關係、交情，他肯定能在太后那兒給你開脫開脫，怎麼也能免你一死。楊深秀根本不為所動。包括兒子要去找，他發怒說：『要這樣，你就不是我的兒子！』楊深秀走過監斬臺的時候，兩個人對視了一下。那一瞬間的對視，你想想誰是強者、勝利者？剛毅吃不住勁呀。後來有一個戲劇性情節：八國聯軍打進北京，慈禧太后西逃的時候，剛毅跟著。逃到侯馬，要過聞喜，就是楊深秀老家，突然一隻金鵰，從天而降，向剛毅的轎頭撞去。剛毅居然嚇出病來，說那隻金鵰肯定是楊深秀！就此病倒，又返回侯馬，很快就死在侯馬。」

在演說別人的時候，往往也是在袒露自己的心跡。

不妨將周宗奇的幾篇日記對照一讀：

　　1989年8月31日：……我沒有資格出賣真理，要檢查勿寧死。

1989年10月18日：……催交檢查，我決定拖延不交。實在沒有可檢查的。不能為了保官、過關，就把自己罵個狗血淋頭。不能幹這種事。

1989年11月11日：前幾天工作隊那位職業殺手李，和正、副祕書長把我叫去，讓我開始給他們寫檢查。我說等組織上先把我的問題落實以後，再說檢查的事。李殺手居然大言不慚地告誡我：「你得好好讀書！」一個光知道整人的無知小人，居然勸知識份子要好好讀書，真是滑天下之大稽！什麼時代才會有這種滑稽呢？而且在當作正劇來演。

他們會以我態度不好重重整一下的！會的！這些殘疾人！這種殘疾人心理！我已做好一切準備。聽說北京要往邊遠地區遣返一批人，山西也搞吧，也把我算上一名，那麼，我臨走非得大排一場答謝暨告別宴會不成！

1989年11月21日：姓鄭的那個副祕書長打電話催問檢查的事。我對照黨章給寫了四條。黨章上正好有一條：對黨的決議和政策有不同意見可以保留，並向上級直至中央反映。就以此為依據，提出對「五點聲明」的保留意見。

1989年11月28日：通知我22日去黨校學習，我想那等於白白浪費十五天的光陰。遂藉口有病沒去，有化驗單為憑證。共產黨不知道怎樣才能管好共產黨，這悲劇可就大啦。淨在那兒胡折騰，令人失望。

1989年12月4日：下午開支部大會，佈置黨員登記的事情。要每個人把自己畫出一幅像，讓大家品評，一次不合格的二次上會，再填表、報批。當一個黨員真不易，人就這麼活著嗎？

1989年12月11日：昨天一天來過不少人，第一個是郝
璠，這位同窗學友來勸我好好給人家檢查認錯，求得從寬處
理。我有何錯？何必求其高抬貴手？我沒聽他的勸告。

周宗奇還寫過一篇懷念魏晉「竹林七賢」之一嵇康的〈彈琴
死〉。我摘錄幾個片斷：

人固有一死，但從來死法不同。尋常死法這裏不論，只
說那些與眾不同者。江湖豪傑上法場時滿不在乎，總是大
叫：「老子二十年後又是一條好漢」！這算硬氣。早年的
中共黨員視死如歸，臨刑前面不改色，高喊：「共產黨萬
歲」！這算忠烈。那個千古奇才金聖歎又死得別具一格，據
說他絕命前還跟劊子手開了個大玩笑，說：「你只要頭一
個殺我，而且活兒做得乾淨利索，我手心攥的一件寶貝就歸
你。」劊子手貪心照辦，掰開手心，一看，哪有什麼寶貝，
只有「啊唷哇」三個字。這算灑脫。不過，硬氣也罷、忠烈
也罷、灑脫也罷，以筆者看來，似乎都還不算死中之最高境
界，缺乏一種令人心弦震顫的浪漫之美。人世間有沒有浪漫
之死？絕對有。且看嵇康的彈琴死！

西元263年，是曹魏景元四年。這天，在京城洛陽建春
門外馬市設下刑場，要殺天下大名士「竹林七賢」之首嵇康
先生。

……因為嵇康的才華蓋世名氣太大，司馬氏集團還是想
加以延攬為其所用。怎奈嵇康從來不屑一顧。最不耐煩時，
因為好友山濤（字巨源）舉薦他去做司馬氏的官，他竟一怒
之下與其絕交，寫下了名傳千古的〈與山巨源絕交書〉。為

此，惹惱了權勢正盛的司馬氏集團。可巧此時呂遜已經投靠了司馬氏集團的骨幹人物鍾會，而小人鍾會又一向忌恨嵇康的才華，且受過嵇康的當面羞辱，早就謀劃著予以報復。於是，借呂安一案對當權者司馬昭大進讒言：嵇康「上不臣天子，下不事王侯，輕時傲世，不為物用，無益於今，有敗於俗。昔太公誅華士，孔子戮少正卯，以其負才亂群惑眾也。今不誅康，無以清潔王道」。司馬昭一聽，決計就此殺掉難為己用的嵇康。

嵇康無故株連，如今竟被推上刑場，放在一般人頭上，真會氣得發瘋，或憤而喊冤就刑，或閉目無言而死。然而嵇康呢，面對森森屠刀，面對即將永遠失去的寶貴生命，卻出人意料地索琴而彈，平靜地彈奏那曲一生心愛的古琴曲《廣陵散》，然後歎一聲：「《廣陵散》從此絕矣！」從容引頸就刑。《廣陵散》又名《廣陵止息》，全曲分小序、大序、正聲、亂聲、後序五大部，連開指共有四十五段，是我國篇幅最長的古琴曲之一。要在臨刑之前神凝氣靜、一絲不亂地彈完如此長曲，得有怎樣超凡脫俗的人生心境和精神底蘊啊！這一種空前絕後、驚天地泣鬼神的浪漫生命，從此人間還能有嗎？

想這位嵇康，生得「身長七尺八寸」，「龍章鳳姿」、「有風儀」，被招為曹氏駙馬，卻拒不享受貴族特權而遠避鄉野；司馬氏專權霸政，他非但拒不合流，還要同情和贊助毋丘儉大造其反；多年好友山濤舉薦他做官，他卻斷然修書絕交；志同道合的朋友們一個個沙漏星散，他卻依然不改初衷，隻身孤膽，頂天立地，死不退卻；即便是死，也要來它

個驚心動魄的「彈琴死」！這一種蔑視專制強權、張揚自由個性、昭示生命真諦的情感、精神和理想，才是嵇康之死的最深層原因。司馬氏不殺他，也會有「司狗氏」、「司貓氏」要殺他！

李白一句「蓬萊文章建安骨」，成為歷代文人追求的風範。周宗奇的一曲《彈琴死》，伯牙捧琴謝知音，知音少，弦斷有誰聽？

世上多見〈陰陽魂〉

周宗奇對我講，《清代文字獄》中，他最得意之作是〈陰陽魂〉。

周宗奇說：「在當今的時代，知識份子是一個被用濫了的詞。喜鵲是知識份子，烏鴉也是知識份子。余杰有句話說得精彩：『有歌唱權力的，往往並非夜鶯而是喜鵲，有寫作權力的，往往並非大師而是御用文人，日復一日，年復一年，喜鵲也成了我們心目中的夜鶯。』我寫《文字獄》，就是要寫出歷代知識份子的悲慘命運。這些歷史經驗和教訓，腐蝕、摧殘知識份子的靈魂。魯迅說，中國之所以缺少西方那樣的硬漢，也是因為中國的酷刑比西方更慘烈。在西方沒聽說過千刀萬剮吧？死也不讓你死個痛快。在統治者的淫威下，知識份子學乖了。識時務者為俊傑，全馴化成一批犬儒主義者。沒有自己的政治主張，沒有自己的人格追求。有一些冤案，還是要報效沒有報效好，舔屁股舔到胯骨上去了。我敬佩歷史上那些傳統知識份子的氣節。武死戰，文死諫。你跑什麼？跑美國去，真沒有一個像人家譚嗣同那樣，『自嗣同始』的氣概。我佩服王丹，你叫我走，我就不走。你要捉要殺隨便。中國知識份子太軟弱，毛澤東早吃透了這一點，皮之不存，毛將焉附。知識份子是毛，我皇上才是皮，中國知識份子的依附性太大，從來沒有形成獨立的社會人格，沒有形成一個獨立的階層階級。說什麼爭取民主呀、自由呀，叫我說中國知識份子真不爭氣、沒骨氣，逆來順受、委曲求全，一代一代知識份子就這樣渾渾噩噩地過來。

「我的〈陰陽魂〉就是寫了兩個知識份子的典型：天臺二齊，齊周華、齊召南弟兄兩人，一宗同姓，卻是龍生九種，各不相同，截然相反的兩類典型。用現在的語言來說，一個是體制內的，吃皇糧的，逆來順受。一個是體制外的，恪守獨立特行，桀驁不馴。」

下面，我先摘錄〈陰陽魂〉中的幾個片段，瞭解一個故事梗概：

齊召南生於清康熙年間，他像封建社會大多數知識份子所熱衷的那樣，走的是一條科舉求官的正途，因為他天生聰穎非凡，有神童之譽，年紀很小就中了秀才，並被選送進縣學裏成為「諸生」；不久，他又一躍而成為「拔貢」，從此走上一條仕途之路。而他的堂兄齊周華，卻備受人世間的百般磨難。同樣是知識份子的齊周華，選擇了一條與當權者抗爭因而充滿曲折坎坷的路。就天賦才華來說，齊周華絕不亞於齊召南。但他生性喜歡遊山玩水、吟詩作畫，自由自在、無拘無束，對進學讀書、升官、發財這一行興趣不大，三十五歲時還是個屢考不第的「諸生」，別說中進士點翰林，連個舉人的邊兒都沒沾上。

齊周華的厄運起始於雍正王朝。雍正在殘酷地處置了「曾靜——呂留良」一案後，深知人心不服，尤其是全國的讀書人，一定會對此耿耿於懷。他為了緩和一下人們的對抗心理和情緒，假惺惺地發出一道諭旨，讓全國的讀書人，就對呂留良的處決一事發表意見，而且特別強調發表不同意見，可以直接給皇上寫信。同時，要求各省的學政大臣，不僅不准阻攔、威嚇發表不同意見的人，不准扣壓、隱藏、銷毀所發表的不同意見的材料，而且要保護敢於獨抒己見的知

識份子。哪一個學政膽敢違命不遵，嚴懲不貸。很明顯地，這只不過是當權者一種虛偽的姿態，一種狡詐的權術，或者乾脆從本質上說，是一種包藏禍心的可怕圈套。但凡有一點官場經驗或人生閱歷的人，都不會輕易上當。然而書生意氣十足的齊周華寧願上當，也要公開發表自己不同的觀點。

　　齊周華寫了一道準備呈送給雍正的奏稿，題目是〈救呂晚村疏稿〉，其原文大意是：呂留良先生在明代末年，進入我們大清王朝以後，致力於鑽研理學，著書立說，其聲望遠播四方。依照他的生活閱歷和所受的教育，心裏時常懷念前朝，甚至訴諸文字，抒發一些戀舊的感情，這都是可以理解的，並不值得大驚小怪。正如古語所說：「桀之犬可以吠堯」。假如說堯帝因為英明，就不允許夏桀的狗叫一聲，那麼，夏桀的狗還算是夏桀的狗嗎？明朝的臣民，能允許人家不對我們大清王朝發幾句牢騷嗎？正是因為這個簡單的、人人都懂的道理，所以對呂留良的言行，全國的百姓不但覺得無害，反而認為他是一位敢作敢為的義士。再從另一方面說，呂留良奇才蓋世、學問精深，他所寫的文章不但文采風流，而且含義深刻，大得古賢之真諦，乃公認之理學大師。這樣的學識和文章，對於推崇程朱之學的大清王朝，不是很有用處嗎？我反覆細讀了皇上您的聖諭。您不是說，完全出於允許別人有過失、也願意改正過失的寬仁之心，赦免了曾靜的罪行，不但不殺他，還放他回去在長沙城隨衙辦事。這確實是仁慈的舉動。但是我想，既然如此，為什麼對已死去多少年的呂留良不能寬大為懷呢？為什麼要掘他的墳、戮他的屍，還要殺掉那麼多他的子孫後代呢？未免太過分了吧？

　　假如允許呂留的子孫改過自新，他們的表現會比曾靜差嗎？曾靜這樣一個反覆無常的軟骨頭尚且能得以寬容，繼續活在世上，難道一個死去的呂留良，而且早就得到過先皇康熙的赦免，竟然要趕盡殺絕嗎？難道呂留良先生的幾本書就能斷送我們大清王朝的萬里江山嗎？真要如此，不是顯得這個大清王朝太脆弱了嗎？

　　最先看到齊周華奏稿的人是訓導王元洲。這位王訓導一看內容，嚇得面無人色。他是認識齊周華的，也很推崇他的才學。出於一片好心，他想勸說齊周華收回這篇奏稿。

　　二人私下有一段對話：

　　王：「齊學兄，你這是幹什麼？你想找死嗎？」

　　齊：「怎麼是找死？我不明白。皇上不是特詔讓寫的嗎？」

　　王：「叫寫你就寫嗎？」

　　齊：「皇上豈能說話不作數？君無戲言！」

　　王：「我說齊兄你呀，你太善良了。如今這世道，誰不說假話？誰不騙人？不騙人能活下來嗎？你還不明白皇上下詔書的真實意圖？他正是怕人心不服，才故意……」

　　齊：「我不管他這個！他既然讓獨抒己見，我就要說真話。我心裏就是不服。」

　　王：「你不服又怎麼樣？天下不服的有識之士多了，也沒見有第二個像你這樣的人站出來。」

　　齊：「唉，這也正是中國讀書人的可悲之處，逆境一來，先去明哲保身、苟且偷生，開頭那會兒高喊反清復明的男子漢有多少啊！」

王：「所以，齊老兄，聽我一句話，你也算了吧。」

齊：「不！正因如此，更得有人站出來說話。不怕死的
　　人在中國沒有死絕。」

王：「你可想到，這有殺身之禍？」

齊：「哈哈，王兄。你難道忘了，我倆早年同遊茅山
　　時，那位修成的老道怎麼說我的，說我是東方木星
　　對不對？既為木，則不斫不成器。豈不記荀子在
　　〈性惡篇〉裏說：『工人斫木而為器』。」

　　說來話長，〈陰陽魂〉是一個故事套故事、冤案接冤案的血淚
歷史。既讓人曾抱「車到山前必有路」的僥倖希望，又常面臨「山
窮水盡疑無路」的絕望之境。一波三折，一節三歎，還是讓我們直
接進入結局吧。

　　乾隆三十三年二月三日，齊周華在杭州城被凌遲處死。凌遲
處死是一種非常慘酷的死刑，就是用刀把人肉一小片一小片地從骨
頭上割光，人還要活著。那就是死也不能讓你死得痛快。民間傳下
很多傳說，說齊周華在行刑時，還一邊大笑一邊吟詩。倒是把殺
人不眨眼的劊子手震驚了，沒有割完規定的刀數，就嚇得昏然倒
地；說觀者無不為這個天臺奇才失聲痛哭，哭聲絕對能蓋過八月
錢塘潮。

　　齊周華是這麼個結局，那麼，齊召南的結局又如何呢？他一
生安分守己，效忠皇上，下場應該是另一番樣子吧？有句老古話，
伴君如伴虎。官場爭鬥險惡，充滿了勾心鬥角、爾虞我詐，齊召南
就因為曾為堂兄齊周華出的書作序，竟然被政敵囧構罪名，借題發
揮，經歷了精神上的極度緊張和恐懼，終於在乾隆三十三年五月

二十三日驚病交加地死去。齊召南只比他的堂兄齊周華多活了一百天，死時家徒四壁，門庭冷落。比起齊周華轟轟烈烈而死，名傳一時，他這種落莫的結局，豈不是更悲慘？

一個陽剛之魄，一個陰柔之魄，就這樣在人世間歷盡磨難，最後又都殊途同歸，煙消雲散化入茫茫宇宙之中。

周宗奇將其取名〈陰陽魂〉，可謂用意深遠。

這是歷史題材的寫作。周宗奇在書的扉頁題詞：「沒有靈感、沒有技巧、沒有文采，其全部可讀性在於歷史檔案的真實與神祕。」這是寫作者慣用的手法：「此書純屬虛構，若有巧合，純係偶然。」小說的障眼法，被周宗奇借用於紀實作品。我想，當周宗奇在披閱、撰寫這些歷史故事時，難道沒有當代思考？當讀者閱讀、感受這些歷史故事時，會不產生當代聯想？

周宗奇在1989年8月31日的日記中記了這樣一段：

> 近看「戊戌變法六君子」的資料，深覺當年之改良運動與今次之改革風潮，何其相似乃爾。趙紫陽不是光緒嗎？鄧小平不是慈禧嗎？一班活躍文人不是也叫新派嗎？老派攻擊新派不也是說其投靠外國不要故國嗎？缺者唯少灑血之「六君子」之浩氣者。

周宗奇在1989年10月1日的日記中還有這樣一段文字：

> 最近一個月，翻看戊戌變法一段歷史，頗有感慨。從那時至今快百年了，中國有多大的進步呢？那時的先進份子已經在爭論「三權分立」、「科學民主」一類的話題，其中不少見識在今天看也是至理名言。而就其願拋灑熱血的志士而言，今天還沒有第二個「六君子」呢！

　　其實，我無須再以日記做此畫蛇添足之點透，用心的讀者早看得明白。

　　古為今用，借古鑒今。指桑罵槐，含沙射影。周宗奇不愧為一條血性漢子。山河易改，本性難移。即使寄情筆墨，也是以筆做刀槍的。

好戲常在帷幕後，周宗奇出書的「花絮」

著名評論家何西來在評價到周宗奇時有這樣一句話：「有一種豪氣、有一種血誠，有剛勁灑脫的人格在。」

何西來為周宗奇的《清代文字獄》作序。在序言中，有這樣幾段話：

> 克羅齊講過，一切歷史都是當代史。我想這絕不意味著用當代的歷史去取代過去的歷史，也不是要把過去的歷史當代化，只是說，人們只能從生存的當代環境出發，從這一環境所提供的各種物質與精神的條件出發，從當代的歷史視角出發，去重新評價以往的歷史，決定應該肯定什麼、否定什麼，以及應該吸取哪些經驗和教訓等等。因此，每一個時代都會重寫前代的歷史，即使資料不變，也會因觀察角度的變化而不同。文字獄史也是一樣，周宗奇正是以這樣的態度，從事《文字獄紀實》的寫作的。當代性在他，並非不期然而然的客觀效應，而是一種相當自覺的追求。從某種意義上，我們甚至可以說，當代性的追求，是他寫作的主要的內在動力。有了這個特點——崇尚真實和開闊的多元多維的文化知識風貌，才有了意義、有了目的、有了歸宿點。

> 知識份子作為一個社會階層，是人群中專司思考的部分，是一個民族、一個時代的先鋒部分。與一般從事體力勞動的普通老百姓比，他們擁有更多的知識和資訊、擁有經過專門訓練

的智力，因而也更敏銳，他們中的先進者，往往能及時地感應歷史潮流的運動趨勢，從而形成系統的思想或著作，影響更多的人，最終影響輿論、影響歷史的發展，他們的天職是突破現有的僵化的文化思想格局的規範，向新的領域、新的高度探索。而這就會與現存的被視為神聖的文化思想格局和規範發生衝突，甚至會對這種格局和規範後面的權力形成威脅。這時，鎮壓就要到來了，而文字獄便成了最高權力者常用的辦法。面對著腥風血雨的文字獄，知識份子手無寸鐵，他們有的只是血肉之軀，而權力者則擁有全部「武裝到牙齒」的國家機器。如果說這裏也有博擊，則是天靈蓋對狼牙棒，是「我為魚肉，人為刀俎」的殺人如草不聞聲的博擊，而不是刀對刀、槍對槍的博擊，其結局是可想而知的。儘管從歷史的長過程來看，大規模文字獄的推行，由於對社會智慧的戕害，最終也會削弱、禁錮統治者的智力資源，不可避免地促其沒落。然而，在每一次具體的文字獄較量中，讀書人都沒有勝利過。

這種血腥政策的推行，表面上看來，似乎對絕對君主權力的強化，對康、乾盛世的穩定起了某種作用，但它可怕的消極面卻在於對整個社會進行了空前的政治閹割和思想閹割。上自臣工，下至黎民百姓，都變得委靡、順從了，輿論倒是一律了，但掌握在皇帝手裏的龐大的官僚機器效能、統治能力，也大大地削弱了。因此隨著文字獄的終結，康、乾盛世也不復存在了，大清帝國多事之秋開始了，只能一步步走向無可挽回的滅亡。這一切，都是文字獄的製造者所始料不及的，作為一種歷史的過程，清代文字獄有它的初起、有它的高潮，也有它的終止。

　　這些現代文字獄，在幾代中國知識份子的心靈上留下了巨大的陰影，摧毀和禁錮了許多本來就應該有的創造活力，人們變得卑瑣、萎靡、聽話了，出現了相當普遍的精神侏儒現象。拋開體制本身的種種弊端不說，這也是社會長期停滯、精神文明落後，教科文事業與先進國家拉開距離的重要原因。正因為在動筆時包容了這樣一些非常切近現實的思考，而又與新時期思想文化領域帶有新的啟蒙性質的反封建的歷史潮流相契合，便使周宗奇的《文字獄紀實》表現出強烈的當代性。

　　俗話說：「外行看熱鬧，內行看門道。」何西來的評價即使僅僅作為一家之言（其實還有相當多的評論：僅就筆者孤陋寡聞的閱讀範圍所見，也已有黃裳、謝永旺、叢維熙、吳祖心、景克寧、魏煌、周兆勤、廈門大學教授的孫謙等都寫出極高的讚語。作家王東滿寫得一手好字，專門為周宗奇的《文字獄》題七言絕句一首，寫成一斗方：「臥石聽濤觀星漢，由心率性著文章。字字珠璣濺血淚，錚錚鳴鏑射天狼。」），從中也足以掂量出這部大書的價值和分量。

　　這樣「敏感」的一部書，由於不言而喻的原因，為意識形態領域所「封殺」，也就不足為奇了。

　　周宗奇為我講到一些《文字獄》內容之外的「花絮」：

　　「現在就出了《清代文字獄》上中下三部，八十來萬字。後來中青社又出了個精華本，大約四十萬字。當時的出版過程，可有點戲劇性呢。那時還沒有用電腦打字，八十萬字，一個字一個字寫得我手都變了形，送稿子提一大提包。當時是哪個出版社要了，我提去，人家看了後說，要嘛你按我們的意見去掉一部分東西，包括其

中的〈陰陽魂〉，要嘛就不能出版。我這人脾氣也倔，我說：『我一個字都不改，不出就不出。』就沒有幾個硬氣的知識份子，正應了龔自珍那兩句詩文：『避席畏聞文字獄，著書都為稻粱謀』。後來，還是中國友誼出版公司的一個女編輯，叫劉大平，她看了其中幾篇，很讚賞。她說：『我們要，你把稿子給我們吧。』我說：『你們可想好，不要舉起刀斧大砍大殺，我可是一字都不改的。』她說：『不動你一個字，我們出。』啊呀，我提著一大提包稿子兜了一大圈，直到1994年，才好不容易遇上這麼一位有膽識的人。劉大平是個男人性格，潑潑辣辣那麼個人。後來到1998年，中青社選了四十萬字，選了一半，出了個精華本。」

我想到周宗奇撰寫的馬烽傳《櫟樹年輪・宙之詮釋》。儘管周宗奇為了向馬烽也向上層交代，自己已經是「不進染房只說布」。然而臨出版，又被削足適履地做了傷筋動骨的大刪節。以至周宗奇心疼不已，在書的後面發表「特別聲明」：

> 出版社在終審時將《詮釋》部分刪去十個觀點約一萬三千八百字，用意為「不要惹麻煩」。此非本作者原意。

周宗奇說：「《清代文字獄》就已經這麼敏感，讓人神經緊張了，《現當代文字獄》的出版，還不知面臨一個什麼命運呢？」

後來，周宗奇寫出三十多萬字的《三個紅色殉道者》一書，光聽書名，就幾乎可以預示它的命運了。果不其然，書稿寫成，遍尋泱泱九百六十萬平方公里土地數千家出版社，竟然領不到一張「出生證」。最後，只好由一家美國華文出版社出版。

周宗奇給我講了《三個紅色殉道者》出版後的命運：

「《三個紅色殉道者》在美國溪流出版社出版後，國內的朋友和讀者都看不到。好多朋友來信問怎麼買呀？我給美國的出版社發了封電子郵件，問寄個三、四十本能不能平安回來？他們出版後曾給我寄出兩本樣書，望眼欲穿地等了一月又一月，就說是大洋彼岸路途遙遠吧，趕牛車也該回來了。結果，望眼欲穿成了望洋興歎，書就這樣泥牛入海，不見蹤影了。出版社給我郵的是快件，一直收不到，我就擔心有什麼問題。郵局又沒有熟悉的人，查不出來。我有個朋友，是財政局的，我問他：『你跟郵局有沒有關係，能幫我查一查嗎？』他說：『沒問題，三天以後肯定給你答覆。』後來一直再沒有下文。我見面再問他：『倒底怎麼回事？你說大話倒底算數不算數？』你猜他說什麼？他把頭直搖，說：『不好說了，不好說了。』就這樣，說不清、道不明地，樣書就從人間蒸發了。」

後來我在加拿大探親期間，周宗奇又給我發來電子信函：「拜託一件事，回來時，能否順便幫我盡量多帶幾本拙著《三個紅色殉道者》。此前如果有可靠朋友回國，能先帶一些最好。母親見不到兒子，那是多麼痛苦的事？這種悲劇只在中國會有！」

好傢伙，在加拿大「順便」去美國帶書，也太「繞遠」了一些，然而周宗奇的焦急心情，於此可見一斑。

「驛外斷橋邊，寂寞開無主，已是黃昏獨自愁，更著風和雨。」此詩句大概是周宗奇心情的貼切寫照。

謝泳著寫有〈文學活動的幾個社會學問題〉一文。在「文學創作的社會承認」一節中，有這樣的文字：

> 對於文學創作的社會承認，我試圖從社會學和心理學的角度，尋找決定確認問題的一些因素。

　　確認是一個社會過程。如果我們將文學創作的確認問題放大開來，就會發現這實際上是文學作品能否進入傳播領域的一個過程。文學作品價值的確認，通常表現為社會群體的活動過程。這樣，當我們探索文學作品價值的確認時，除了應當注意文學作品的藝術價值外，還必須顧及文學活動外在的一面，即文學活動與社會學有關的許多問題。

　　文學作品價值的確認是一個複雜的社會過程，這個過程，我們稱為社會承認。這個過程的實現，不僅與文學作品所具有藝術價值直接相聯，而且受到作家和作家群體局外人的社會行為和準則的制約。

　　文學承認無標準性。文學作品被社會承認的標準是很難確定的，因為文學本身具有複雜性。同一篇作品在不同的時代，不同的人看來都會得出不同的評價。

　　文學作品與其他人類活動相比，它更重視、更熱衷於追求社會承認。因為一部文學作品如果得不到社會承認，那麼它在事實上就沒有被確認。

　　周宗奇面臨一個價值的悖論：你想我手寫我心，走自己的路，然而文學作品的屬性又決定了「功夫在詩外」，你還必須顧及社會的確認。「滿紙荒唐言，一把辛酸淚。都言作者癡，誰解其中味。」最怕是「貧在大街無人問，富在深山有遠親」。「知音少，弦斷有誰聽？」

　　資本主義的實質核心是一個「資本」；社會主義的實質核心則是一個「社會」。資本主義社會「資本」決定一切，金錢是萬能的，擁有金錢就擁有了一切。社會主義社會則是「社會」決定

一切，被「社會」接納是根本前提，任何人都要受到「社會」的制約。

周宗奇身處這一「社會」之中，「既然不是神，難免有凡心」，他的凡夫俗胎也同樣無法擺脫「社會」的「萬有引力」。

周宗奇對我說：「張石山在九十年代初說過這麼一句話：『一陣槍林彈雨，劈頭蓋臉地把作家們打得時光倒退幾百年、幾千年，全都鑽到古墓穴裏，把什麼秦皇、漢武、唐宗、宋祖、康熙、雍正、乾隆一桿子大雕，呂后、西后、武則天一幫子老娘們，一氣都挖將出來粉墨登場……』張石山這話當然不是說我，可我聽者多心，自己對號入座了。好些朋友勸我，你又不是寫不了小說，幹嘛也炒起了歷史的老古董？說句老實話，我周宗奇不是個怕事的人，不是因為要逃避現實才寫歷史題材。我是覺得寫文字獄有價值。可是八十萬字，我寫好還沒發表的還有幾十萬字，一個字一個字，都是我的心血、我的腦漿迸發出來、壘築起來的，可就如同一碗碗豆腐腦豆漿一樣賤賣了。有的還根本賣不出去。」

周宗奇還說：「我一個老鄉見了我說：『你這兩年可不行了，你看人家老韓，這兩年不停有新書出來。』我只好說：『寫不動了，不想寫了。』好多熟人見了面，都說我：你這幾年可落伍了。你看人家誰誰誰，不斷有新作新著出來。鬧騰得多紅火。我前後下了有二十年的功夫，如果說我今天在社會上影響不大，也和這些年都把功夫下在吃力不討好的《文字獄》上有關係。」

我能理解周宗奇的困惑和矛盾。文學也與史學、哲學一樣，從來是也只能是以白紙黑字的文字記載為衡量標準。它歷來勢利，只認變成鉛字的文字。它又聾又啞，聽不見也看不見曠野裏的呼喚。所謂文學史的長河，只不過是一條狹長的小溪。在這條小溪的兩

邊，是望不見盡頭的無字黑暗。多少民間文學家，迷失在文學史這一邊或者那一邊的黑暗裏，不會引起文學史長河的一聲歎息，甚至連一個漣漪都不會泛起，不動聲色地、熟視無睹地繼續向前滑淌。

然而，那些紅火一時、熱鬧一時、閃耀一時，「你方唱罷我登臺」，「城頭變幻大王旗」，為這個頹敗淺薄的時尚叫好的作品，又有什麼價值呢？

魯迅在《花邊文學》序言中說：「在這種明誅暗殺之下，能夠苟延殘喘，和讀者相見的，那麼非奴隸文章，是什麼呢？」魯迅以「奴隸文章」概括了此類失掉反抗意識、缺乏獨立思想、沒有骨氣的文章。魯迅還說過這樣的話：「我曾經和幾個朋友閒談。一個朋友說：現在的文章，是不會有骨氣的了，譬如向一種日報的副刊去投稿罷，副刊編輯先抽去幾根骨頭，總編輯又抽去幾根骨頭，檢察官又抽去幾根骨頭，剩下來還有什麼呢？」

魯迅在〈《引玉集》後記〉中說：「目前的中國，真是荊天棘地，所見的只是狐虎的跋扈和雉兔的偷生，在文藝上，僅存的是冷漠和破壞。」魯迅指出：「中國為什麼沒有偉大文學產生？我們聽過許多指導者的教訓了，但可惜他們獨獨忘記了一方面的對於作者和作品的摧殘。」魯迅認為必須有進一步的追問：「中國的作品『可憐』得很，誠然，但這不只是文壇可憐，也是時代可憐，而且這可憐中，連『看熱鬧』的讀者和論客都在內。凡是可憐的作品，正是代表了可憐的時代。」

魯迅還有詩文：「所恨芳林寥落甚，春蘭秋菊不同時。」

林賢治有詩文：「不是文壇少著述，遍地蒿草少荊棘。」

整個文化生態環境遭到了毀壞，尤其是知識份子作家的狀態，在專制主義的恐怖之下，已然失去了正常的思考和創造能力。魯迅

的悲憤並不限於個人際遇，他的心是博大的，深知個人與時代的命運扭結無法拆解。所以，在他痛苦之極時，只好叫道：「我們生活在這樣的地方，我們生活在這樣的時代。」

林賢治在〈魯迅的最後十年〉一文中，有這樣的文字：

> 權勢者和無權者之間有一個長期爭奪的地帶，就是話語權。對於無權者來說，他們所要的只是表達的權利；而權勢者不同，他們製造沉默，所要的唯是封閉和壟斷所有聲音的權力。防口如防川，口耳相傳，一傳十，十傳百，一旦決口，不可收拾。

> 科塞說：「無論什麼樣的政治集團或統治形式，也無論在哪個歷史時期，審查制度在任何地方都作為社會控制的重要機制發揮作用。統治者歷來限制那些他們以為與自己的利益對立或者有損於公眾利益的思想的傳播。」這種制度的危害是不言自明的，它也正如科塞所說：「審查制度確實在一定程度上成功地阻止了思想的自然流動。因此，在任何地方，審查制度都是自由的精神生活的障礙。」在這種制度的禁錮之下，知識僵化了，才能枯萎了，頭腦產生腐敗，整個社會不僅不見活躍的跡象，相反，只能慢慢地窒息而死。

謝泳有句話說得深刻：「共和國的體制就是這樣，在剝奪了一批已趨成熟的作家的權力的同時，另一方面又傾權力所及的各種資源之力，培養著一批基本屬於掃盲水平的人成為作家。」

謝泳還說過這樣一層含義的話：「這實際是一個常識問題。首先我們先要明白我們是在什麼樣的歷史條件下成長和寫作的。如果在這樣的歷史條件下，我們還能寫出什麼了不起的文學作品，那

麼結論只有兩個；一是這樣的社會環境是不會扼殺文學的，二是所謂的了不起的文學作品，根本就不存在。除此之外，我們還能得出什麼結論呢？一些自然科學家就能非常坦率地承認，自己在這樣的環境中，無法與國際上同類學科對話，為什麼到了一些作家那裏，一方面自己在那樣的環境下受了多少苦難，而一方面又盲目地誇大自己的所謂文學成就呢？還有一個常識問題，也常為他們自己所忘記，那就是他們的所有文學作品，都是在一個特殊的社會環境下被意識形態所允許而變成鉛字的，發出真正獨立的聲音，是需要一個特定的社會環境的。」

在共和國溫馨和嚴酷交織的日子裏，一些作家從讀者視野裏消失了，而另一些新人卻浮現了出來。《財主底兒女們》、《湘南紀事》、《貓城記》、《金鎖記》、《圍城》既然註定在人民革命中受到冷遇，那麼，就別想指望這些作品在新中國的文學史上佔有一席之地。這也許是一個審美規律的問題。悲劇不在於上述作品當年的處境，而在於歲月的封存，使得作品成為人民記憶中長期的缺席者，即使是重見自由的陽光之後，它們的出籠也是羞怯的、形象模糊的。如果今天有人說：1990年代紅極一時的張愛玲和《圍城》，只是封閉後的一次重放的活躍，那麼這種結論對當年的作家來說，是悲還是喜呢？

歷史的詭異之處就在於：歷史總是由勝利者當權者言說。所以每臨改朝換代，總有「改寫歷史」、「重寫文學史」的呼聲喊出。

我知道自己的勸慰和開導是蒼白無力的，但我還是忍不住對周宗奇說：

「在現實的黑暗與苦悶中，重寫歷史成了魯迅晚年縈繞心頭的一個想法，其中他特別提到了『文禍史』。1935年，他曾問唐弢

能不能編寫一部中國文網史。其實這樣的文網史，至今尚未有人涉及。我覺得你的《文字獄》，就是魯迅寄予重託的「文網史」、「文禍史」。它的價值，遠遠比在目前的現狀下，自己編造一些故事情節，僅僅運用你的文學語言、運用你的創作技巧，所編造的東西價值要高得多。為什麼現在人們厭倦了閱讀文學作品，反而喜歡看一些紀實性的作品？我覺得你的《文字獄》有點「生不逢時」，它在喧囂而淺薄的當代文化氛圍中，遠遠沒有得到應有的關注。我相信，它的價值總有一天會得到重新評價、評估。」

我還引用了兩句詩文：「樹在深山無人識，長至參天始道高。」

周宗奇笑笑，笑得有些慘澹。

周宗奇說：「但世人就是以成敗論英雄，對不對？你今天得了獎，報紙上給你吹捧了，出版商下資本下功夫為你包裝操作了，你的文學創作就有影響、有價值了，你就是英雄。誰還管以後呢？當前的誘惑是巨大的。下個世紀的牛奶，不如當前的一杯白開水。人都是典型的現實主義者，或者說典型的實用主義、功利主義，我把眼前的好處拿到手了，管別人怎麼說，以後又怎麼評價。蘇聯有部小說叫《多雪的冬天》（多好的寓意！可與我國《遲來的春天》稱為「姐妹篇」，或者不妨乾脆看作一對難兄難弟），小說中有個人物叫阿爾連采夫，有句名言，就是他幹了許多壞事，別人說他：『你不怕遭報應？』他說：『不怕，我死後哪怕天塌地陷！』世人就是這樣，怎麼最近不見你的作品了？總以出版為準，這個很現實，有幾個人能超脫？早二十年，有許多人生目標、人生理想，副主席、主席呀、一級作家呀，你不可能不考慮這些。現在都五、六十歲的人了，就不會圖這些虛名。過去不是有句老古話：『出水才見兩腿泥。』一個人臨死的時候，才面臨那個最後的蓋棺論定。

到蓋棺論定的時候，生命已經煙消雲散了。」

說著說著，周宗奇可能察覺到自己內心的矛盾已反映在話語中，戛然而止，不好意思的笑了笑：「今天早晨起得早，舞跳得肚子餓了，你有什麼現成的，讓我填填肚子吧。」我知道，周宗奇是每天凌晨兩點起來寫作，六點就去趕「早場舞」鍛煉，十幾年堅持不斷。

周宗奇一面嚼著「蛋黃派」，一面一語雙關地說：「肚子餓了，這就是最現實的問題。誰也不可能不食人間煙火。我經常痛恨自己的軟弱、痛恨自己的遷就現狀。可你怎麼超脫？我現在就面臨一個最現實的問題：寫《現當代文字獄》，那得採訪許多人、跑許多地方、花很多錢。這些經費從何處來？就那點工資？剛夠養家。就那點稿費？不如個修鞋匠收入多。我一直就納悶，建國以來，物價漲了幾十倍，可稿費漲了多少？這種社會不公沒人過問呀，只管你別違背了《講話》！經濟進入市場化時代，意識形態反倒退入「計畫」時代，這兩股繩擰的，非擰斷了不可！我只能自救吧？什麼來錢，就先寫點什麼，積攢點錢，回頭再來完成我的《文字獄》。」

說著，周宗奇看著我笑，一臉「不好意思啦」的神色，又說：「你看看咱兄弟已經墮落到什麼地步了？有奶就是娘。」

為雍正皇帝定位的當代語境

　　那天，我與周宗奇還談到他《清代文字獄》中所塑造的雍正形象。

　　周宗奇在《清代文字獄》中，刻畫了雍正皇帝的形象。雍正皇帝的陰狠狡詐；他用以統治臣民的帝王權術的圓熟多變；他對呂留良掘墓，銼屍、滅族，卻有意留下曾靜師徒不殺的奇招；他在日理萬機的情況下，仍不忘記在上諭中對臣下作認真的同時又是廉價的「感情投資」；他自己動手，撰寫駁斥漢族知識份子頭腦中根深蒂固的「華夷之辯」的長文；他既要大開殺戒，讓臣下和在野的知識份子畏懼，又想留下「寬仁皇帝」的美名的矛盾心態等，都寫得非常傳神，讓人感到這位機關算盡的君主就站在眼前。還有前面寫到的，周宗奇在揭穿雍正皇帝發出徵求全國知識份子不同意見的上諭時說：「很明顯地，這只不過是當權者的一種虛偽的姿態、一種狡詐的權術，或乾脆從本質上說則是一種包藏禍心的可怕圈套。」

　　周宗奇入木三分、直逼靈魂的雍正皇帝形象，有著讓人浮想聯翩、觸類旁通的當代意義和價值。特別是將周宗奇的「這一個」歷史人物，放入「當代語境」，則會感受到「歷史的驚人相像」，發現「老譜正不斷襲用」，從而達到「典型」的共性、當代的共鳴。

　　一種言說的價值，主要在於言說的語境。遇羅克、張志新所呼喊出的聲音，當我們獲得新的話語空間之時，回頭再看他們的呼喊，並不是具有多麼深刻的思想或道出了何等過激的言論，而是在萬馬齊喑中的空谷足音。左拉《我控訴》的歷史價值也正在此。

讓我們看看周宗奇塑造「雍正皇帝」這一人物形象的「當代語境」：

> 同一時期，《雍正王朝》的電視連續劇正在熱播。用報紙上炒作的話叫做「走紅螢屏，火爆京城」。一時間，電視廣播，報刊雜誌爭先恐後不甘落後，一時間，請出專家學者，請來「廣大觀眾」，談雍正的「改革」、談雍正的「政績」，更有導演和男主角鄭重宣稱：「我就是要調動各種藝術手段，展示堅韌不拔的雍正皇帝所走過的一條困難重重的改革之路。」、「法國人談拿破崙，美國人談華盛頓，十分驕傲，中國呢？康熙、雍正、乾隆，勵精圖治，特別是雍正，大膽新政改革，因此才把前清歷史推向了前進。我想為中國人塑造幾個偉大人物。」、「康熙去世，國庫內只有白銀七百萬兩，雍正繼位十三年，國庫內留給乾隆的白銀有五千多萬兩，雍正容易嗎？」

話說到這份兒上，人們也就聽出了話語之中的「弦外之音」。聰明的中國文人，真不乏審時度勢、察言觀色、隨風轉舵、刻意奉迎的「馬屁高手」。一句話吐出十八瓣蓮花，拿了肉麻當精神。

在任何社會熱點的背後，總有著權勢話語的「輿論導向」。意識形態一統的新聞媒體，是調整了頻道、調整了波段的喇叭筒。

作家李銳在〈也談皇帝戲〉中，有一段頗有深度的議論：

> 我關注的是，這位被中央電視臺隆重推出的「改革皇帝」，在社會各界所引發的強烈共鳴。我想問問為什麼一提到改革，我們中國人就如此「下意識」地仰仗權力？如此

「自然而然」地要求人們臣服於絕對的權力之下？在雍正所有的「孤獨」和「艱難」中，可有一星半點是讓他人分享權力的艱難嗎？艱難必須要由大眾、由人民來分享，權力──絕對的權力是一絲一毫也不能出讓的。這是什麼樣的「改革」？所謂改革，難道不正是經濟權利、政治權利、思想言論權利、文化權利，從高度極端的專一統治向權利的平等分享嗎？以呂留良、曾靜一案驚動朝野大興文字獄的雍正，以「密折」的方式建立告密制度的雍正，一個如此依賴、迷信、加強極端權力的雍正，怎麼就成了「孤獨」的「改革者」呢？有了五千萬兩銀子就可以顛倒歷史？從什麼時候起，連談歷史也要「一切向錢看了」？即便要唱主旋律，也總該有點起碼的是非吧！

在這個「改革皇帝」的形象中，我們看到了當代巨人的陰影。

還有一個不能不引起關注的歷史細節：當年，人們正提出一個「執政合法性」的問題。於是，這些聰明過人的編創者們，便用心良苦亦巧奪天工地把歷史上對雍正繼位的「疑團迷團」，一概予以「平反昭雪」撥雲見日。這一「馬屁」拍得之巧，真可稱得上鬼斧神工。

與「改革皇帝」雍正的眾星捧月形成鮮明對比的是，周宗奇的「殘暴皇帝」雍正卻消失在公眾的視線之外，沒有鮮花、沒有掌聲，「寂寞開無主」。真正讓人嘗試到「主旋律」、「權勢話語」的甚囂塵上、鋪天蓋地。

錢理群面對今日現狀，說了這樣一段話：「知識份子在利益的驅動下，發生了嚴重的分化。有的知識份子已經成為既得利益集

團的成員，並成為其代言人，這恐怕已經是不爭的事實。這也是讓人感到可悲與憂慮的。這裏還隱含著一個問題：當知識份子在目前的體制下，不同程度上獲得了利益，是否能仍然堅持自己的信念與理想、堅持獨立的批判的立場，這確實是一個新的考驗。我最近重讀了魯迅的兩篇雜文：〈同意和解釋〉（收在《准風月談》中）、〈宣傳與做戲〉（收在《二心集》中），突然意識到這正是對知識份子的四大要求；在這樣的要求面前，我們採取什麼態度呢？即使不公開表示反對，是不是可以『不做』，即不說『同意』，不為之作『解釋』，不作『宣傳』，也不參與『作戲』，維護最後一點沉默權呢？如果連這一點底線也守不住，那我們又算什麼呢？這些問題都是不能不認真思考與嚴肅對待的。」

周宗奇還在《清代文字獄》中，塑造了一個川陝總督岳鍾琪和「好奴才富勒渾」。

周宗奇寫岳鍾琪，此人善於揣摸皇上的心理，知道皇上猜忌多疑、喜怒無常，因而他既要不斷地表示忠誠，不使自己失寵，又要處心積慮地杜絕一切可能產生疑忌的漏洞，因而始終能讓人真切地感到，他的奴才侍奉皇上的一片誠慌誠恐。

周宗奇寫「好奴才富勒渾」，又把一個殫思竭慮、絞盡腦汁地要討主子歡心的奴才形象，寫得躍然紙上。光聽名字，也由不得不讚歎周宗奇的「神來之筆」。

中國有著根深蒂固的史官文化傳統。中國士人起源於宮廷史官，他們一開始就是一個務實的、以知識求俸祿的、自覺充當國家工具的、幾乎完全喪失文化想像力的群體。顧准說：「所謂史官文化者，以政治權威為無上權威，使文化從屬於政治權威，絕對不得涉及超過政治權威的宇宙與其他問題的這種文化之謂也。」

　　周宗奇倒騎著歷史的毛驢，完全與傳統「史官文化」的時代潮流背道而馳。周宗奇選擇了一條告別鮮花、告別掌聲，註定「默默無聞」的寂寞之路。

　　我對周宗奇說：「魯迅有詩文：『何來酩果供千佛，難得蓮花似六郎。』說的是他做不出供奉在神壇上的甘美作品、寫不出「蓮花六郎」那樣的漂亮人物。而你則更上一層樓，進得廟來，原本就不準備燒香磕頭，乾脆是要把廟大卸八塊而後快。你把自己定位於這麼一個角色，怪不得別人把你視若眼中釘、肉中刺。」

　　我還說：「中國有句描寫蠢人的俗話：『搬起石頭砸自己的腳。』樣板戲《紅燈記》裏，李玉和有句唱詞：『栽什麼樹苗結什麼果，撒什麼種子開什麼花。』你學不會中國文人察顏觀色、看風使舵的聰明，又沒眼色不合時宜地總往痛處戳，不向癢中搔，這不是你自找的？註定了這一輩子沒有好果子吃。」

　　周宗奇聽得大笑不止：「罵得好，罵得好。隔靴搔癢贊何益，入木三分罵亦精。知音，知音。人生得一知音足矣。」

　　說畢，周宗奇慷慨解囊，說：「今晚，我請你喝酒、洗腳。你喜歡洗腳嗎？我一個禮拜要去洗一次。腳上有貫通全身各個部位的穴位，洗洗腳，身心都放鬆。南蕭牆新開一家洗腳屋，價格便宜，五十塊一位。滄浪水清，可以洗冠。我這滄浪水濁，只可以請你洗足了。」

　　說著，兩人都笑得前俯後仰。

古希臘雕像「拉奧孔的痛苦」
——最是文人不自由

關於「有奶就是娘」的問題，沒隔幾日，我與周宗奇再度見面時又舊話重提。

知識份子是不斷批判社會同時又不斷進行自我批判的人。周宗奇對此話題不僅不躲閃迴避，反而勇於直面正視，說明周宗奇不僅強烈地批判社會，也嚴厲地解剖自己。

話題是這樣開頭的，周宗奇說：「那尊古希臘的雕像，是深深地刻在了我腦子裏。我把它叫做『拉奧孔的痛苦』。人被蟒蛇纏身，掙扎、扭曲，無休無止的搏鬥拼殺，卻總處於痛苦之中，難以解脫。這就是古希臘雕塑家要向我們揭示的人類生存困境嗎？在我們每個人的生命過程中，各種慾望，名韁利索，就像纏繞著我們難以擺脫的蟒蛇。」

周宗奇的日記中，有兩則記錄了「評職稱」：

> 1989年10月1日：……沒給我評上一級創作員。「六四」份子嘛，這本是意料中事。對我來說，無所謂，無非就是少幾十塊錢和虛榮心受點刺激而已。
>
> 1989年10月7日：老韓來說，老西要為我搞複議職稱，說老馬也有這等意思。看來是真心要成全我。以我原意，乾脆就不評了。國家局面如此，個人評上那個東西又要怎樣？可是盛情難卻，遂又給評委寫了個意見，能評則評，不評就

報個二級也可。我之胸懷，外人多所不知，還以為我是故作
豁達。誰是我知音？

周宗奇說：「當然，寫現當代文字獄之難，對我來說還不僅
是經濟壓力，還有其他。你比方說王實味這一案例，王實味現在是
正式平反了，胡風也正式平反了，可檔案資料不解密。你這個毫
無道理呀。平了反，為何不解密？蘇聯連史達林時期的檔案都解
密了，我們連普通被冤者的檔案都不解密。你說要寫胡風，要寫王
實味，他們在獄中的核心資料一點都沒有，你怎麼寫？你用第三
者的嘴把故事大概敘述一遍，有什麼意思？有多少價值？而且俗話
說：『沒住過監獄的男人，算不得好男人。』一個人在監獄裏的表
現，那種環境裏的內心活動，最能說明一個人的本質。你得不到這
些資料，你絕對寫不出一個真實的人、完整的人。李輝的東西我看
了，不能說人家不是腕兒，但有些東西，還是缺乏第一手資料。我
現在就面臨這樣的困難：對文字獄中故去的這些主角，我總得走訪
走訪他的故鄉、他獲罪敗走的「麥城」、他周圍的親朋故友、當事
人對立面，搜集他的日記、書信、作品。這一得花大錢，二得政治
寬鬆清明呀，不解密，你有何辦法！（我想到《半月談》2006年第
10期上，王婭妮、王海鷹撰文〈科研經費背後的腐敗〉：這是項目
選題經費由於體制缺陷所形成的腐敗，然而深層對人靈魂所造成的
腐蝕呢？）就這麼兩方面的原因，所以這兩年就這麼擱著，進行不
下去，要不上次我對你說，我現在快成了『有奶就是娘』了。好像
是劉賓雁說過一句話：『出賣一半良心，換取一半自由。』就是這
麼一種心理，只要能接到活，不管自己有興趣沒興趣，差不多的東
西咱就接上寫，只要掙得到錢，就去幹。希望攢上一些錢，返回頭

來，首先把現當代這一部分完成。武訓為辦教育，還當叫化子呢，不丟人！有一次在老鄉趙望進家吃飯，省委宣傳部長崔光祖也去了，他說：『宗奇，你和老韓都給咱們好好寫，有什麼困難提出來，我給你們解決。』看他說得誠懇，我信以為真了，又是老鄉又是主管領導，我就真給宣傳部打了個報告，希望能得點黨的陽光，完成《文字獄》寫作。報告打上出，結果是石沉大海、泥牛入海，一點消息也沒有。後來一想，自己先笑了，馬烽先生有句名言：『共產黨花錢，能叫你們罵共產黨？』以當代官場文化的水平，十個有九個認為《文字獄》就是罵共產黨。我兒子看著我苦笑，說：『爸你寫吧，現在出版不了，將來我給你出版。』我在心裏說：『這還不光是錢的問題呀！』我寫文字獄，一開始就給自己定了三條原則：不虛構、不誇張、不掩飾。我這套書就是以史料說話，還歷史以真相。清代文字獄的資料，都是第一手的，皇上聖旨、大臣奏摺、刑部審案筆錄、地方史志、家譜族譜、個人書信日記作品……在這些可靠資料基礎上再盡量向歷史人物的內心世界挖掘。現當代文字獄的案例資料理應更豐富。胡風之案，我看有關資料，受牽連被關進大牢的人就有三千之多。牛漢被打成胡風份子，賀敬之也幾乎被牽連，有個當時十六、七歲的天津小後生林希，寫了兩首詩發表，胡風根本不認識此人，信中只誇獎了他的幾句詩，結果也揭發出來，將當時還是個工人的林希關進了監獄。當代文字獄比清代的還厲害。陝西一個作家寫的小說《劉志丹》，被打成反黨、反毛澤東思想的大毒草，成了典型的文字獄案，不僅牽連文學界，連許多早期創建陝北根據地的政界人士也被波及，涉及幾萬人，甚至連習仲勳這樣的老革命也被捲進去。自古哪有這麼厲害的文字獄？人家能花錢叫你寫這些嗎？」

　　我饒有興趣地問周宗奇：「講講你為了《文字獄》這個大目標，作為交換條件，你接其他活時的心情。」

　　周宗奇：「這也有個心態問題。你要當武訓，不是要斂財自肥，心態就會好一些，有了個抵擋物議的心理盾牌，給自己打氣說：『讓別人罵你沉淪吧，等我弄出《文字獄》，再看看誰是男人。』有人請我給一個名叫劉玉虎的人寫書，他是全國勞模、全國五一勳章獲得者、稷山縣糧食局局長。我就拉下臉先講條件，我說：『讓我寫，行，但錢不能少。』我提了一個價，我保證書的質量要在國家級出版社出版，我說：『低於這個數，我不幹。』就成交了。後來中間兩人一人得了一萬，書號費呀、印刷費呀，我最後也沒有落下多少錢，幾萬元吧。但這幾萬元立馬增值，換回百萬字的文字獄書稿。我這人不管寫什麼都比較投入，我不認為寫這種題材、人物就可以胡編亂造，應付差事了事。我將之看作是一種寫作嘗試和體驗。就說劉玉虎，他父親是個老農民，從小家裏很窮，自己種地，種下糧，自己拉上去賣，後來還因為『投機倒把』挨了整。幾代人的家史挺有底蘊。我就認真採訪、體驗、收集素材、積累參考資料，下了一年多的功夫，寫出二十萬字一部的《父子人生》，由學苑出版社出版。這幾年一是寫這種報告文學，一是寫電視劇本，一是編寫文化叢書，其中一個共同點就是：多少都有錢可賺。我就願意當個當代武訓。」

　　周宗奇還說：「武訓這人不簡單。武訓弄錢是為了辦學，看去那麼下賤，『打一拳一個錢，踢一腳兩個錢』。忍辱負重，為了實現自己的目標。我打弄錢，就是為了完成我《文字獄》這個大工程。這麼一想，思想負擔就輕一些。」

　　周宗奇在他著名的散文〈母親屋〉裏，還講到經濟上另一層困窘對他心理所產生的折磨：

　　　　就在那天夜裏，我在淚水模糊中暗暗發誓：一定要盡快賺到一筆鉅款，為平生沒住過新房的老娘親，造一座全村最華美的住宅，一座讓世人驚歡不已的嶄新的母親屋。

　　　　宏願既立，此後又閱數載寒暑，可歎的是，新的母親屋至今仍是鏡花水月、空懸嘴上。非是已改初衷，實因囊中羞澀。一筆按說並不算特別巨大的投資，在我卻好似峻嶺深淵，難以逾越。說來也許惹得今人發笑而後人置疑，當代中國的一個作家真會如此窩囊？

　　　　但這是千真萬確的事實。不信就來訂對：夫婦兩人掙工資，要瞻養兩位老人，要供兩個孩子上大學，要應付日益複雜起來的門戶開銷，明顯的入不敷出，貼賠上零星稿費收入，方才大致扯平。想攢錢，那得靠大宗收入，即出書。出一部八十萬字的《文字獄》，除過打稅，除過買書贈人，除過應酬出版界朋友，林林總總之後，所餘稿費，連三分之一座母親屋都造不起。你還得慶幸沒交書號費、印刷費、管理費之類，否則作家絕對得倒貼錢，更遑論母親屋！你對此當然可以表示極大的義憤，為什麼各種東西都漲價五倍、十倍、二十倍，唯有稿費幾乎沒動？提高知識和知識份子的價值不過一句空話。可牢騷太盛防腸斷，再說你扯破嗓子又頂什麼用？對此當然還可以有其他選擇，譬如去下海經商，去鑽營做官，去給洋大亨寫傳記，甚至去走私販毒、拐賣人口，充當什麼車匪路霸，總之什麼來錢幹什麼。這樣你要建

造多麼富麗堂皇的宅邸自然都易如反掌，可它絕不是我心目中的母親屋！

馬克思主義的一條基本原理是：經濟基礎決定上層建築。經濟處境對人的精神狀態的幅射，是無處不在、無孔不入的。

周宗奇在馬烽傳《櫟樹年輪‧宙之詮釋》中，寫了這樣一段文字：

中國自隋唐以降，朝廷開科取士，以文章論短長（尤其唐代專以詩賦取士）。然而一旦中式為官之後，能否繼續加官進爵的政治資本，一般來講，再與你的「創作成就」無關。想弄成個「縣團級」、「地師級」、「省軍級」，或者進到「中央」去，那就全憑一套「官場經」了。至於名落孫山、屢試不第的大群文人，儘管你才高八斗、學富五車、下筆成文、著作等身，對不起，你從哪兒來仍回哪兒去，可做幕僚、可執教席、可著書立說、可耕讀居家、可浪跡江湖天涯……自由倒是自由，但再也得不到級別待遇、吃不到朝廷俸祿，永遠是個體制外的民間士子了。即便是到了民國政府一朝，散落民間的什麼作家、記者、編輯之類，也絕沒有標定的官場身分，也不歸一個什麼政府衙門專門管轄，而統統叫作自由職業者。

這可真是一種歷史性的人才資源大浪費！

中國共產黨最英明。它從二十世紀三十年代起，就以「左聯」等形式大量吸引、團結、組織、使用一切社會有用之材，為實現自己的綱領服務。到了以毛主席為首的延安時

代，這方面的工作更見成效，不僅有專門職能部門管理這些作家、藝術家，而且都進入了正式行政編制，定出了級別待遇。比如馬烽先生一做了《晉綏大眾報》的主編，那立馬就享受縣團級待遇。中華人民共和國建立以後，這一切就更加正規化了，比如作家系列，上有中央一級的最高衙門──中國作家協會，級別為省部級；中間一級有各省的作家協會，地師級；下面各縣市也有相應的文聯或作協機關，那是縣團級。三級網路之中，盡收天下文學之士，真個做到了「野無遺賢」。只要你有才華、有成就，那就是你的立身進身之本，可升做各級作家協會的主席、副主席，雖說是清水衙門窮酸官，但級別在那兒放著，該享受哪一級的待遇，比如看什麼樣的文件啦、參加什麼樣的會議啦、坐什麼樣的車啦、使用什麼樣的醫療本啦……一樣都不能少。你就當個沒有官銜的專業作家吧，那也分一、二、三、四級，一級作家相當於什麼官階，二級作家相當於什麼官階等等，法定文本上都有可比照的條條槓槓，那是一絲不苟、絕無含糊的。即便是一個會員、理事之類，也是大有講究。有過這麼一件真事：某縣正縣級幹部都分到一套新房子。本縣一位省作協會員聞信找到縣委書記（此公恰好也是一名省作協會員），出示會員證，並提出也要享受同等住房條件。你別說，他還真的如願以償了。總之，這一套用國家行政手段管理天下文人的作法，是前無古人的。其利者大焉！前文已有提及，不再重複。

不過，最近幾年大局已有異動，一大批年輕作家初生牛犢不怕虎，不入會、不入黨、不要工資、不要編制、不要《講話》，號稱「流浪作家」，主要集中活動在首都北京等

大城市。這對「黨管作家」的革命老傳統，自然是一種前所未有的大挑戰。

陳丹晨寫過一篇堪稱深刻的文章：〈生存的歧路——中國作家的生存狀況（二十世紀中期）漫記〉。他裏面寫到一代知識份子因為「吃官飯」而造成的窘迫與困境。他稱之為「公家的人」。文中有這樣一段文字：

> 1949年革命勝利，中國社會有了巨大的根本的改變。其中一個重要方面，幾乎所有的成年人都變成了公家的人。或者說，都變成國家的人，黨絕對領導下的國家的人，也即常說的「黨的人」。無論工農商學兵，概莫能處。

> 譬如，住在最遙遠的邊疆城市，從事最基層的工作，一個掃大街的清潔工，他的工資給多少、什麼時候可以加工資，也都得由中央政府下文件。事實上，他所加的工資也許只是五元錢。這可算是高度中央集權下的一個小小例子。恩格斯認為，馬克思對人類歷史發展規律的最大發現，就是指出這樣一個基本事實：「人們首先必須吃、喝、住、穿，然後才能從事政治、科學、藝術、宗教等等……」也正是在這樣一定的經濟基礎上，在不同的所有制形式上，在生存的社會條件上，聳立著有各種情感、幻想、思想方式和世界觀構成的整個上層建築。這些都是人們熟知的馬克思主義常識。魯迅更是直截了當地說：「我們目下當務之急，是：一要生存，二要溫飽，三要發展，……」可見生存、吃飯是個關鍵問題、首要問題。現在出現的新變化形成了：溥天之下，莫非王土；率土之濱，莫非王臣。所有的人，都無可逃避地被

要求絕對服從那個給你工作、給你飯吃的領導，做「馴服工具」、做一顆「齒輪和螺絲釘」。用商業社會裏的基本關係作一個不恰當的比喻的話，給你吃飯的是大雇主、大老闆，聽命於他的，也就是那些大大小小的雇工、雇員而已。

　　唐達成站在中國作協黨組書記的位置說過這樣一段話：「古人說得好：『山立千仞，無欲則剛。』還說：『一仕於人，則制於人；制於人，則不得以自由；制於人而望於人者，惟祿焉。』吃人的嘴軟、拿人的手短，這是最淺顯的道理。難道你能像現在流行語所說：『吃誰、喝誰、糟踏誰』？能『端起鐵飯碗吃飯，放下鐵飯碗罵娘』？然後，再發表一番冠冕堂皇的理論？這連最起碼的打工道德都沒有嘛。在這點上，我想，大概東西方文化的觀念都一樣。你可以『言從，則人留；言不從，則人去』。你炒了老闆；你也可以『此處不用爹，自有用爹處』，堅持自己的觀點、信念；你還可以爹不伺候你，『明朝散髮弄扁舟』，做超脫瀟灑狀；或者你乾脆『志士不飲盜泉之水，廉者不受嗟來之食』，像餓死綿山的介子休，也還讓人敬重你的氣節。建國以來，我們黨對宣傳輿論控制的歷史，已經鮮明地告訴我們：宣傳輿論作為黨的工具，就是花錢買吆喝。你拿上主家的錢，就得為主家說話。要不然，就炒你魷魚，不養你。甘蔗沒有兩頭甜。」

　　黃仁宇在《中國大歷史》中，則從大歷史的俯瞰角度，高屋建瓴高瞻遠矚地指出：「國民黨和蔣介石製造了一個新的高層機構；中共與毛澤東創造了一個新的低層機構。」蔣介石只重視「上層建築」，組建了官僚機構，認為就此可以穩坐朝廷；而毛澤東的高明之處，在於看到了「上層建築」之下，不時湧動的流沙。毛澤東更

重視「基礎」的建設：把政權一直延伸到最基層的每一個社會細胞，就根據此點，黃仁宇認定：毛澤東比蔣介石的更為高明處，是毛澤東更透徹地瞭解中國這幾千年封建文化積淀形成的社會意識形態，且更擅長統治術。

周宗奇寫有〈致流浪作家〉的一封信：

> 陶思璇、嚴虹、洛藝嘉、王天翔：你們好！
>
> 早就聽說在首都北京活躍著那麼一族新人，權且叫做流浪文人吧。某中有音樂家、有畫家，自然也有作家。他們一律貧窮，窮得連體制內的一份工資都拿不到；他們又很富有，富有自己領導自己的全部權力，富有「大面額」的青春美麗和創造天賦。羅隱說：「世間難得自由身」；張籍說：「酒邊多見自由身」；寇準說：「無榮無辱自由身」；朱熹說：「三山雖好在，惜取自由身」……歷代文人追求得到一個「自由身」的夢想，沒想到在二十世紀末，多多少少叫這些人變成了現實。這倒實在是一件值得大大慶幸的事。
>
> 聽出版家焦先生介紹說，你們四位年輕的女作家就是這種流浪作家。真的嗎？你們真的不是吃體制奶長大的？你們真的辭掉工作，與體制一刀兩斷，獲取了一個「自由身」？你們真的是自話自說、我寫我心，將那些「主旋律」、「五個一工程」、這個獎那個獎、這個會員那個委員之類視之如糞土、棄之如爛鞋嗎？總之，你們真的是比古代的行吟詩人、歸隱士子、出家文人要高尚偉大多少倍的現代自由撰稿人嗎？可惜還沒見過你們的面，還沒有開讀你們的大作，只好且聽焦先生的，他說你們是北京城裏挺酷的流浪作家，而

且是女作家，我也就相信你們，欽佩你們、讚美你們，同時，也替你們捏著一把汗。

對於中國少說也有三千年歷史的文字獄史，我已經鑽研了十五年。在封建專制社會裏，你一個文人，要不把自己的精神陽具心甘情願地加以閹割，然後「貨於帝王家」，反而想討回一個「自由身」，想說什麼就說什麼，想寫什麼就寫什麼，那你就等著吧，蹲監、流放、砍頭、腰斬、絞死、三千三百五十七刀的千刀萬剮，就是你的下場。中國歷來沒有流浪作家群體，這就是主要原因之一。不過，我為你們擔心的並不是這個。我們畢竟是由最先進約馬克思主義武裝起來的中國共產黨嘛，我們畢竟是人民當家作主的新中國嘛，再說全人類畢竟馬上就要跨入二十一世紀了嘛，我們中國怎麼還會有文字獄！要有，那也不叫文字獄，那是不識時務的傢伙，官方語言稱作「反革命暴徒」的，在國內外階級敵人的陰謀策劃下，要破壞我們安定團結的大好局面，不制裁他們怎麼得了？那應該叫做什麼獄，我一時也想不出好名堂，但反正不許叫文字獄。

那麼，我倒底替你們擔心什麼呢？

前幾天的報端披露，很快將有一本論述「共和國文學」的權威大書出版，或者已經出版了也說不定。「共和國文學」這個新穎的概念，竟與我的一個思考命題不謀而合，不過我的提法是「新中國文學」。當然，真正的不同還很多，比如，在我的「新中國文學」中，還包括三十年代的「左聯文學」和四十年代的「延安文學」，而「共和國文學」則不包括這些。再比如，我是將「新中國文學」當作一個學術命

題，從文學史和流派學的角度加以認識的，就好比從前曾經
輝煌過，可是早就沉入史海深處的「先秦文學」、「兩漢文
學」、「建安文學」、「桐城派」、「公安派」等等……現
在又冒出了一個「新中國派」，而在「共和國文學」的研究
者看來，「共和國文學」將是永遠的文學，常盛不衰、永保
革命青春，直到美好的共產主義社會實現以後也依然枝繁葉
茂，還是「主旋律」。假如非要將它當作一個文學流派看，
那也是普天之下，照樣我是唯一。我相信，這個強大的史無
前例的「共和國文學派」是會我行我素，一直幹下去的。一
個以政權做後盾、以黨性為文學個性，富有連隊文化色彩，
邁著進行曲步伐，永遠有明確打擊目標的空前絕後的文學流
派，什麼人間奇蹟幹不出來？

　　於是，對於你們這些流浪作家來說，問題就來了。

　　請問：游離於這樣一個天下獨尊的文學流派之外，你們
倒底能固守多久？能有多大的生存和發展空間，如果說你們
還想生存和發展的話，你們這些實際上誰也享受過體制關懷
和哺育的人不會分化嗎？你們之中難道沒有相當一部分人原
本就是進體制不得，轉而以流浪作家的面目出現，想出奇制
勝地打入體制中去？誰又能擔保一個會員、委員、理事、主
席、副主席之類的頭銜，一種名利雙收的什麼獎項，一位首
長的親切接見或一句熱呼呼的問候，就不會叫你們幡然悔
悟，毅然改變初衷？而且歷史已經證明，誰不想加入這個流
派或者想脫離這個流派，不聽招呼、獨樹一幟、離經叛道、
呼朋引伴、分庭抗禮、公然叫板，那麼你不但在政治上絕無
立錐之地，連文學地位也不會有，再高的文學價值也不會得

到充分的承認，整個人生都會黯然失色，與冷落、孤獨、貧窮相伴終生，活得一塌糊塗。對此，你們這些年輕氣盛、抱負遠大，一心想在文壇上大顯身手、在文學史上留下專條的哥兒們、姐兒們，消受得起這份精神折磨嗎？

　　對此，我看不容樂觀。我想，假如十年之後，你們這些流浪作家還能百存一二，你們四位之中還有一位碩果僅存，風範依然，我就要山呼萬歲了。

丁東和謝泳有一篇談論「自由撰稿人」的對話：

　　　　從五十年代初起，所有文化人都被編入單位，成為報社的記者，出版社、雜誌社的編輯，電影製片廠、電視臺和劇團的編導，國家辦的各種研究院所的學者，文聯、作協的專業作家，各類院校的教師等等。雖然職業的名稱千差萬別，但有一點是共同的，那就是對於單位的人身依附性。工資從單位領、住房靠單位分、職稱靠單位評、職務靠單位提、看病靠單位報、出門須單位批……總而言之，個人生存和發展的全部命脈掌握在單位領導的手裏，人首先是單位的一員，然後才是他自身。只有主動放棄工資的巴金、主動放棄單位的傅雷和稱病迴避編入單位的無名氏等極個別的文化人，在一定程度上成為「單位人」的例外，自由撰稿人這一社會角色在中國大陸上逐漸完全消失。

「自由撰稿人」的生存，是需要有「民間出版機構」為土壤的。謝泳對此有一段頗具見地的話：「1949年以後，對於文學創作最大的影響，就是出版制度的變化。中國現代文學發展的一個特點就

是，它是依賴中國現代出版制度的形成和成熟而發展的。有現代的出版制度，才能形成以自由寫作為基本生存方式的作家。中國現代作家中的多數人，之所以在1949年以前在文學創作上達到了他們一生中的最高水準，就是因為他們雖然也受到了一個時代的政治文化的制約，但由於還沒有完全喪失對他們創作活動最重要的現代出版制度，所以他們的文學活動並沒有從根本上失去活力。1949年以後，對於學術和文學創作最大的限制就是，以自由和公開為基本特點的現代出版制度已不復存在，代之而起的是高度意識形態化的、以強烈管制為基本特點的出版制度。這個制度最大的特點就是，使學術和文學活動所依賴的自由選擇的空間完全喪失，並且受到嚴格限制。」

周宗奇說：「曾有一段時間，我們這位讓她的孝子賢孫吮了一輩子乳頭的可愛的母親，心血來潮發出要『斷奶』的威脅。讓你們文人走一條『以文養文』的自食其力的路。文人們的回應是四個字：『逼良為娼』。你光強調『甘蔗沒有兩頭甜』，倒好像你當了回奶媽、奶牛，我們理所當然應該成為門人食客、御用文人；你怎麼不說說自己是『又要馬兒跑，又要馬兒不吃草』。你還民間以新聞出版的權力，給作家們自由生存的空間，你看看作家們誰還願意叼你那乾癟的乳頭。這就是實足的霸權話語。一張嘴，兩層皮，你說東就是東，你說西就是西。墨索里尼總是有理。」

以上展現出的是周宗奇思維的一個方面。而周宗奇在〈嵇康鐮〉一文中，對嵇康超越體制、不吃官飯、特立獨行的讚賞，則展現了另一側面：

> 嵇康打鐵的真正價值絕不在生性愛好或藉以謀生，更是一種「遠邁不群」、蔑視世俗的個性展示。按說他作為曹魏

的宗室姻親，身居中散大夫之職，又是名滿天下的青年才俊，要在京都洛陽過一種上流社會的生活原本很體面。但他卻鄙視厭惡這一切，作〈司馬相如贊〉以自況曰：「長卿慢世，越禮自放。犢鼻居市，不恥其狀。托疾避官，蔑此卿相。乃賦大人，超然莫尚。」而且說到做到，婚後不久便舉家遷出洛陽，把家安到河內山陽縣（今河南省修武縣）的山林裏，一面讀書著文，發表一些「越名教而任自然」、「非湯武而薄周孔」的言論以驚世駭俗，從此成就「竹林七賢」的千古佳話；一面拉著好友向秀給自己打下錘當鐵匠，過起一種自食其力的清苦生活。試問這一種特立獨行的壯舉，古今以來有幾人做得？

周宗奇在《山西作家通訊》的新春寄語中，寫下這樣詞句，也是此一方面心理的寫照：

一、只有遠離文學的作家，沒有遠離文學的讀者。

二、據說古代埃及人製作木乃伊相當考究，上等的防腐香料、精湛的製作技藝、虔誠的自我意識。到頭來又能怎麼樣？不過一具乾癟難看的「乾屍」罷了。那麼，文學的木乃伊就值得讚美嗎？

三、作家應該與政治混得很熟，不應該與政客混得很熟。

四、據有心人統計得知，當代中國作家身患精神陽痿症者太多太多。救救作家。

周宗奇將他的創作室取名為「學灑脫齋」，也可見其內心的矛盾和煎熬。

劉小楓有專著《沉重的肉身》。那是關於拯救與超脫的話題。

哪一個人能夠大力如神,拔著自己的頭髮,飄離這塊休養生息的大地?

啊,無影無形而又無處不在的萬有引力!

我又想起1950年代在中華大地廣為流行的那首蘇聯歌曲:「我從沒有見過別的國家,可以這樣自由呼吸⋯⋯」再聯想到《史達林時代》所揭密的蘇聯現狀,這豈非典型的「此地無銀三百兩」?唱著唱著,就唱出了其中的嘲諷意味。

留白在《魔鬼辭典》裏說了一句頗有深意的話:「自由——一種在追求時便已失去,因而永遠也追求不到的假想物。」

陳寅恪有詩句:「最是文人不自由。」

沉重的肉身怎麼可能追趕得上輕逸的自由?

從「地理學」角度透視
——土壤成分和遺傳基因如何生成周宗奇的〈獨行草〉

　　山西評論家楊矗有一文：〈山西當代文學的譜系分析〉，對晉軍諸員大將的血脈淵源、文化構成等方面作了詳盡分析。蘇格拉底早在三千年前即指出了人群的「譜系」說：金銀銅鐵，人各含質。尼采更為明確地寫了《道德的譜系》，把人的生命存在，作了「價值」的譜系排列；周宗奇也說到「天性的譜系」，不過他選取的角度是〈天賦論〉：

　　　　關於天賦，筆者的觀點有二：一是，造就世界上任何的成功者，都是天賦第一（請注意，不是唯一）。作家之所以能夠成為作家，同樣也是天賦第一（同樣請注意，不是唯一）。大天賦造就大作家，小天賦造就小作家。二是，天賦就是天才，乃大自然所賦予、遺傳基因所造就，與生俱來，天性使然，絕非後天所得。古人說：「天資文藻，下筆成章」，說的就是作家的獨特天賦。這些觀點本來很好求證，正著看，一部文學史上，哪一位垂名者不是獨具天資而才華出眾？反著看，成名作家的同代人無其數，有著作家夢的又何其多，為什麼絕大多數有志者到頭來卻難圓作家夢？

　　　　如此明白無誤的事實，自稱信仰革命唯物主義的我們卻從來不敢面對，一方面不得不最低調地註解說，天才就是

「特殊的智慧」和「高度發展的才能」，另一方面則立即改口強調說：它是「透過教育和環境的影響、本人的勤奮努力，並在實踐中不斷吸取人民群眾的智慧和力量，逐漸發展起來的。」然後再進一步狠狠地批判「天才論」：「它在認識論上是唯心主義的先驗論，認為人的知識、才能是先天就有的；它在歷史觀上則是主張英雄創造歷史的唯心史觀。」

這才真正是唯心主義的怪論！

請問：如果不將作家的天賦才能擺在首位，過分強調教育和環境的影響，本人的勤奮努力和吸取人民群眾的智慧，那麼，豈不是天下所有人凡經過以上努力者，皆可成為作家嗎？客觀事實是這樣的嗎？

一部中國文學史，根本不是由什麼人民群眾創造的，而是由一個個具有天賦才能的大文豪創造的，是由屈原、司馬遷、嵇康、陶淵明、李白、杜甫、韓愈、柳宗元、王維、杜牧、劉禹錫、白居易、歐陽修、范仲淹、王安石、蘇東坡、辛棄疾、羅貫中、施耐庵、曹雪芹、魯迅、巴金……以及以他們為代表的無數著名作家創造的。假如中國文學史上沒有出現過這些大大小小的天才作家，一部中國文學史就什麼也不是，只能是一堆文化垃圾！

天賦越高的作家越有創作個性，對世俗人生的剖折和批判越透徹無情，對人格尊嚴、人性尊嚴、個性尊嚴、思想尊嚴的追求越高。這恰恰都是封建專制主義文化所最難容忍的所在。這也就是它們要不遺餘力、不擇手段地封殺天賦天才的根本原因。

　　　　人們悲歎建國以來沒能出現世界級的文學巨匠，卻不從
　　根本上找原因。以筆者之見，中國當代文學的波瀾不驚，
　　可能原因很多，但要害是作家們的天賦才能沒有得到充分
　　發揮。

　　周宗奇說「天賦」，原來「醉翁之意不在酒」，最後還是歸結
為「環境制約、扼殺了天賦」。

　　周宗奇說：「一方水土養一方人。在這黃土高原上，出產的只
能是紅高粱，還有滿山遍野的山藥蛋。」

　　我當然能聽懂周宗奇的題中之義：天才的出現，是需要他賴
以成長的土壤的。以《公開的社會及其敵人》一書而享有世界聲譽
的哲學家卡爾‧波普，還撰寫過一本書《科學成長論》，以「證偽
論」學說，闡述了科學的幼苗是如何長成參天大樹的。

　　周宗奇在〈天賦論〉中，也提出了一個土壤與植物關係的命題。

　　1990年，由於山西作家在前一年的表現，被外界稱為「晉軍全
軍覆沒」。為了改變這一「千村霹靂人遺矢，萬戶蕭疏鬼唱歌」的
局面，《太原日報》雙塔副刊找到省作協，他們闢出版面，讓「晉
軍」來個「整體亮相」。

　　周宗奇的「亮相」文章是〈獨行草〉。

　　周宗奇在這篇文章中，以徐繼畬的《瀛環志略》一書的讀後感
為觸發點，展開了他「上下五千年，縱橫八萬里」的情感抒發，看
得人有點眼花撩亂、目不暇接。以致《太原日報》在登載此文的編
者按中，發出「作家乎？學者乎？」的感歎。

　　周宗奇為什麼對一本「地理教科書」發生如此大的興趣，而這
篇文章又引起編者、讀者如此大的共鳴？

我認識一位地理學的學者，他對我說：世界的現代化是由地理學起步。當年西班牙、葡萄牙，以及以後的荷蘭、英國，無不以地理大發現為前提。一個國家現代化發展水平的高低，是以地理學的發達程度為標誌的。地理學發展到登峰造極，就是「共用一個地球」，世界走向融合的「地球村」。

這位學者還說：我們把寶鋼建設在東海之濱的決策、我們對修築黃河三門峽水電站得失的評估、我們對長江三峽水電站千秋功過如何評說的爭執，直至我們對劈開喜馬拉雅山為西藏高原改觀生態環境的設想，都缺乏先進地理學的支撐。

這位學者還說：地理學的二大支撐點：一個是資源說，一個是土壤說，都關係到國計民生。

地理學是一門「眼科學」，是選取角度、消除盲點的本事，是開闊視野、放眼世界的學問。地理學的發達，就是一個「走向世界，全球融合」的過程，就是一個「小小環球」、「地球村」的視野。

周宗奇敏感地察覺到一個「尖端」問題。

讓我們先看看周宗奇發表了一些什麼感概：

> 徐繼畬是我們中國一百多年前的歷史人物，其傳世之作《瀛環志略》，據《辭海》的權威定評是：「與魏源的《海國圖志》同為中國較早的世界地理志。」然而痛心的是，對他和它的第一部長篇研究專著，卻不是出自國人之手，而是由一位叫德雷克的美國人拔得頭籌。是他替我們中國史學界填補了一項空白。

> 徐繼畬是我省五臺縣東冶鎮人，是徐向前元帥的族高祖，官至廣西、福建巡撫、總理衙門大臣。1848年，他完成

了驚世駭俗的《瀛環志略》，揭示了中國在強國如林的世界政治格局中的嚴峻局勢，蘊含著系統的改革主張，在「洋務運動」、「戊戌變法」、「辛亥革命」以及日本的「明治維新」中，均有重要影響。在美國著名學者、哈佛大學費正清教授的指導幫助下，德雷克教授經過十多年深入研究，撰成這部學術專著。

徐繼畬的《瀛環志略》絕不是一本簡單的世界地理教科書，而是一種充滿維新精神和改革主張的「微妙宣言」，它深刻影響了曾國藩、董恂、康有為、梁啟超、嚴復等中國整整一代資產階級改良主義思想家，為十九世紀六十年代的自強運動和九十年代的戊戌變法，奠定了根本的思想基礎。

德雷克先生在形容山西時有句話極傳神：「整個山西如同一個巨大的堡壘。」當然，他是指自然環境而言。但在我看來，山西更是中國傳統農業文明的一個巨大堡壘、一個橋頭堡。安土重遷和閉關自守，乃是這種以自然經濟為主的農業文明的本質表現。落後的生產方式長期把人們牢牢限制在狹窄的土地上，宗法的、封建的、迷信的觀念，嚴重壓抑著人們的精神，使人變得內向和保守。用德雷克描述山西人性格的話說就是「馴良溫順」、「循規蹈矩」、「誠實得甚至有點愚蠢」。我就想，這樣的一種社會歷史環境，能造就一種外向型的博大胸懷與目光嗎？

客觀環境對他（徐繼畬）的真正的嚴酷改造，應該從1840年算起。這年夏天，他調任汀漳龍地區的代理道臺，衙門就設在廈門對面的漳州城裏。德雷克俏皮地說：「一個不習慣海上生活的北方人，來到有海洋意識的福建。」這一定

是命運的安排。在這裏，他平生頭一次看到曲曲折折的海岸線，數不清的海上小島，國產海盜和日本海盜，歷史悠久的無政府主義的自然的海上國際貿易活動，充斥於大街小巷的外國水手和西方傳教士，主要還有遼闊雄渾的大海和掀天覆地的波濤……這種生活環境的根本轉換，必然導致生活方式和思維方式的徹底改變。存在決定意識，這不是馬列主義的哲學觀點嗎？

認識上的進步，必然產生行動的勇氣。我們這位「循規蹈矩」的山西老鄉，終於開始變得「不老實」起來，開始發瘋般鑽研世界歷史地理，而「不讀聖賢書」了。更勇敢的是，此時已升為福建省第二把手的布政使徐繼畬，居然與外國人打得火熱，尤其與美國傳教士雅裨理過從甚密，從對方那兒得到大批先進的西方書籍和世界地圖冊。應該承認，正是這些鮮活的新知識，真正打開了他理性的視野，讓他摒棄了狹隘保守的國產世界觀，以明亮的新目光審視人類生活著的這個碩大無朋的星球。他在知識化、現代化道路上的這種飛速進步，外國人留有可靠記載：徐繼畬「是一個思想解放的人。他對西方地理和政治的熟悉程度，簡直令人吃驚」，「在對世界各種各樣情況的瞭解上、在思想解放的程度上，他都遠遠超過當地政府的其他任何官員」。

這時的徐繼畬，寫出這樣的《瀛環志略》，才是順理成章的事。

那麼，我們於此可得出一個什麼道理呢？是否可以這樣說：改革開放的意識、現代化的意識，只有在改革開放和現代化的環境中才能培養造就；改革開放和現代化的才能，也

只有在改革開放和現代化的實踐中才能鍛煉提高。不管是對一個人的進步，還是對一種事業的成功來說，客觀環境是多麼重要啊！

當年，我們正進行著「海洋文化」與「內陸文化」之爭（周宗奇與趙瑜等山西作家撰寫的電視系列片《內陸九三》是這方面的傑作），進行著「蔚藍色文明」和「黃土地文明」的比較。東學西漸、西學東漸，東西方文化發生了猛烈衝撞。周宗奇為我們展開了一個世界範圍的廣闊背景。在這樣的大背景下，周宗奇終於「圖窮匕首見」，露出了他撰寫此文的真正意圖。

讓我們看看隱匿於《瀛環志略》大地圖中的「項莊舞劍」：

> 我覺得，在徐繼畬這一歷史性重大貢獻中，他大膽公開推崇彼得大帝和華盛頓，乃是他喊出的革命最強音。
>
> 對美國的開國英雄華盛頓，更是極盡讚美之能事，高度評價說：「華盛頓，異人也，起事勇於勝廣，割據雄於曹劉，既已提三尺劍，開疆萬里，乃不僭位號，不傳子孫，而創為推舉之法，幾於天下為公，駸駸乎三代之遺意。……余嘗見其畫像，氣貌雄毅絕倫。嗚呼，可不謂人傑矣哉！」
>
> 封建專制社會的一位封疆大吏，不去歌頌自己的大清皇帝，卻把兩位西洋國主捧得老高，說人家遠遠超過優秀歷史人物中的佼佼者陳勝、吳廣、曹操、劉備，而跟堯、舜、禹這些神仙似的英雄差不多。我們這位山西老鄉也真夠「膽大包天」的了。

周宗奇為我們拉開世界舞臺的大幕，華盛頓登場了。

　　周宗奇和我談起華盛頓（是否觸發於為雍正「定位」之爭？
「美國人推崇華盛頓、法國人推崇拿破崙，而我們就是要推出我們
中國的英雄康雍乾」），周宗奇說：「華盛頓、拿破崙、康雍乾，
風馬牛不相及，怎麼能進行數學上的合併同類項？」

　　說起「英雄」，我聯想到留白對張藝謀《英雄》的評價：

> 　　有人說，《英雄》壞就壞在「沒有思想」；我卻以為，
> 《英雄》不是沒思想，而是「有且只有壞的思想」。說《英
> 雄》沒思想者固然是「恨鐵不成鋼」，但客觀上卻為張藝謀開
> 脫了責任，……硬要擺出一副經天緯地的架子，東一個「和
> 平」、西一個「天下」，宣揚早就被歷史車輪碾碎了的「君王
> 南面之術」，真是何苦來哉？《英雄》的主旨再明確不過：為
> 了所謂的「天下一統」，所有人都可以死，唯有君王擁有無條
> 件「活著」的權利！而刺客無名的「捨生取義」更有著令人髮
> 指的隱喻色彩，它不僅表明面對暴政和強權，反抗者只有「自
> 取滅亡」，同時也暗示了所謂「正義」的勢利本質：比之霸權
> 者的「道義」，個人的良知簡直不值一提。這樣一來，民眾的
> 生命價值被抽空，現代社會的核心價值觀如平等、自由、人權
> 等統統被顛覆，無名的死也以一種近乎「自宮」的方式，給自
> 己的行刺行為「去」了「勢」，在這背後隱藏著的，是水深火
> 熱中的廣大人民的正當權利的被閹割。從這個意義上說，《英
> 雄》不啻一朵開得盡態極妍而毒氣四溢的「惡之花」。

　　華盛頓為世人所讚歎，事出何因？為了更清晰簡明地勾勒出華
盛頓的「形象輪廓」，我引用《華盛頓選集》（商務印書館，1983
年版）中的部分段落：

　　1781年，美國對英國殖民統治的「獨立戰爭」勝利已成定局，經過多年戰爭的洗禮，大陸軍已成為新生的美國的中流砥柱，一支最有組織性和富有戰鬥力的力量。作為總司令的華盛頓戰功赫赫，有著世界性的聲望，更是美國眾望所歸的人物。在每一次軍內外面臨危機的關頭，他都能發揮出巨大的個人力量，順利地化解危機。那是十八世紀八十年代初，震撼世界的法國大革命還沒有發生，英國光榮革命之後長期推行的君主立憲制度，給古老的英國帶來了繁榮、穩定和自由。美國新大陸上湧動著一股要求君主制的思潮，在失去了世襲制紐帶、由移民組成的新大陸上，誰能成為新的君主？手握重兵、打贏了獨立戰爭、擁有巨大威望的華盛頓自然是首選的人物，「打江山、坐江山」何其順理成章！

　　率先提出這一建議的就是華盛頓的部將、曾任米夫林堡守備司令的路易斯・尼古拉上校。1782年5月，他致信華盛頓，列舉軍隊遭受的種種不公，並把這一切歸咎於共和政體。他說：「那種把我們從難以想像的困難中引向勝利的才能、那些得到軍隊普遍尊重和崇敬的品格，定能引導和指導我們在和平的道路上前進。有的人把專制與君主政體混為一談，覺得很難把它們分開。因此，我所建議的政體的首腦，有一個顯然較為溫和的稱號，但是一旦其他問題都得到解決，我認為很有理由採納國王的稱號。」

　　在當時的美國，這並不是路易斯・尼古拉上校一個人的看法，不少將士都有這樣的思想。王袍加身呼之欲出，華盛頓面臨著前所未有的抉擇。但他立即就做出了決定，寫了一封措辭嚴厲、毫不含糊、不留任何餘地的回信：「我非常意

外和吃驚地閱讀了你要我深思的意見，我可以明確地告訴你，戰爭中發生的任何變故，都沒有像你說的軍隊中存在的那種想法使我更痛苦。我不得不懷著憎惡的心情看待這種想法，並給予嚴厲的斥責。」

「我想不出我有哪些舉動會鼓勵你寫這樣一封信，我認為這封信包含著可能降到我國頭上的更大的危害。如果我還有點自知之明的話，你不可能找到一個比我更討厭你的計畫的人了……如果你還重視你的國家、關心你自己和子孫後代，或者尊重我的話，你應該從頭腦裏清除這些想法，並絕不要讓你或任何其他人傳播類似性質的想法。」

在那個關鍵的歷史時刻，華盛頓堅定拒絕了對他的王袍加身。他的態度，對美國消除君主制的威脅起到了極為重要的作用。既然美國最有威望和實力的人物公開反對君主制，嚴詞拒絕國王的頭銜，誰又敢冒天下之大不韙地接受加冕呢？正是他的這一選擇，為美國成為民主制國家開闢了道路。

在談到華盛頓這一舉措時，我與周宗奇談到「槍桿子裏出政權」這一在中國顛撲不破的真理；談到我國軍委主席一職在權力格局中舉足輕重的「籌碼含義」；還談到歷史上的「陳橋驛兵變」，趙匡胤在部將們擁戴下王袍加身的史實，以及隨後鳥盡弓藏、兔死狗烹的「杯酒釋兵權」；還談到林彪那份給毛澤東敏感心靈留下陰影的、暗藏刀光劍影的「政變經」。以上這些與華盛頓的「我時刻牢記一個道理：刀劍是維護我們自由的不得已的手段，一旦自由權利得以確立，就應把它們棄之一旁」，難道是東、西方文化和哲學差異所產生的思維定式的截然不同嗎？

　　1796年9月17日，華盛頓的第二次總統任期即將告終，他在費城《每日新聞報》正式發表感動了幾代美國人的〈告別演說〉。歷史不會忘記他最後一次在公眾場合出現的感人一幕，1797年3月4日，他出席了新總統亞當斯的就職典禮，當他出現在眾議院大廳時，幾乎所有的人都揮舞著帽子、手帕，發出由衷的歡呼，亞當斯不無嫉妒地發現，那一刻人們的眼睛都是濕潤的，在寫給沒有赴會的夫人的信中，他還耿耿於懷地抱怨「那熱淚盈眶的眼睛、珠淚滾滾的眼睛、淚水滴滴的眼睛」。當然，如果沒有亞當斯那一刻心中油然而生的妒意，後世的人們將永遠無法想像那些含淚的眼睛。

　　我和周宗奇談到：當國慶遊行隊伍中打出「小平您好」的巨幅標語走過天安門廣場時，應該是這位政治老人「見好就收」的最好歷史時刻。果若如此，將會留下比擬為華盛頓的美名。也許對權力而言，有些得不償失；然而對歷史而言，則是一個「圖眼前」或「向未來」的大得失權衡。但鄧小平終究沒有成為華盛頓。

　　他不顧年邁，決心從頭再來，把弗農山莊建成第一流的農場，踏上了生命中最後一輪艱苦的跋涉。經過詳細調查、認真認證之後，他親自制訂了長達三十多頁的莊園管理計畫，包括新建幾個農場、重建排水系統、改良牲畜品種、實行新的作物輪作制、普遍施肥增加地力等等。為此他每天奔忙，常常在馬背上顛簸幾個小時，卻忙得不亦樂乎。致力於農場規劃中的華盛頓，幾乎讓人忘記他就是威名赫赫的世界偉人、美國的開國總統。

　　美國開國總統的「終老南山」，對權勢情結很重的中國政治家而言，大概難以理解，也不足效法。

　　周宗奇說：「個人在歷史上的作用，在這裏最為明確地凸顯出來。美國人民有幸遇到了華盛頓，而我們苦難深重的中國人民，遇

到的都是獨夫民賊：袁世凱、蔣介石、毛澤東，換湯不換藥，一蟹不如一蟹。」

周宗奇說：「生於淮南則為橘，生於淮北則變成枳。同一個人類，為什麼出現這麼大的差異？還不是一個土壤的問題？即便是引進的外來良種，在一塊不同的土壤上栽植，兩代之後又會變種。」

中國經歷了長達兩千多年的集權專制統治。兩千多年的歷史，就是中國人匍匐在王權腳下的歷史，習慣了下跪的中國人始終站不起來。即使到了今天，中國人形式上不再生活在磕頭、下跪之中，但世世代代被奴役的命運，使國人在思想上依然是跪著的。在精神上、人格上，我們還沒有真正地站立起來。

周宗奇說：「毛澤東1949年在開國大典上，喊出那句曾讓無數中國人激動得熱淚盈眶的話：『中國人民從此站起來了』。半個多世紀後回頭聽，別有一股滋味在心頭。」

鑒於以上「語境」，我讀懂了周宗奇的〈獨行草〉。

西方人推崇「獨行俠」，天馬行空、獨往獨來、行俠仗義，好萊塢據此拍出了世紀大片，熱播美國、暢銷全球；周宗奇自命為「獨行草」，自生自滅，只能「已是黃昏獨自愁，更著風和雨」，默默地開放。相同的獨立特行，卻由於生長於不同的土壤，反映出自由度強弱的天壤差異。

我想起那首《小草歌》：

> 沒有花香，沒有樹高，我是一棵無人知道的小草。從不寂寞、從不煩惱，你看我的伙伴遍及天涯海角……

頑強的小草「野火燒不盡，春風吹又生」，總有一天會長成一片茂盛的大興安嶺森林。

周宗奇在〈獨行草〉的結尾，寫下了這樣一段總結：

　　我忽覺自己正在攀登一座山峰，放眼眺望大地，美麗的
地平線環抱著河流村莊、綠樹紅花、飛鳥走獸。但我看不見
地平線以外的景物。我越爬越高，地平線越往遠處推移。先
一陣還看不到或不易界定的景物，如今都清清楚楚地框入視
野。然而我卻立刻悲觀絕望起來：不管我爬得多高，總有一
個地平線以外的廣大而未知的世界，充滿神祕和引力。我對
它卻無能為力。哦，原來人類的知識和能力，總是不可避免
地要受到限制。雖說每個限制遲早都將打破，卻往往得付出
「毀滅人格或結構」的沉重代價。因此，悲劇在人類生命中
是基本的、不可避免的。每當意識超越了能力，悲劇便會產
生。但一個人的失敗，可以為他人的思想和行為換取超越性
的象徵意義；甚至對失敗者本身來說，也可以引導他進入新
的──重建其人格或深層生活方式的可能性……我渴盼著自
己的下一次「悄然獨行」。

　　人生就是一個「旅途」的過程。周宗奇在《瀛環志略》中獲
得了新的立足點、新的視野，他又將目光投向了人生旅程中的新的
「地平線」。

周宗奇從撲火「燈蛾」所引起的聯想

關於《三個紅色殉道者》一書，周宗奇是這樣展開話題的：「我常常會情不自禁地去琢磨『燈蛾』現象。那一個個可憐的小小生命，為什麼會那樣奮不顧身、前仆後繼地赴湯蹈火？牠們顯然看到同伴燒焦了翅膀、看到許多兄弟姐妹燒毀了生命。前面的倒下去了，後面的繼續往上衝，義無反顧。牠們是抱著怎樣的一個信念？是為了追求光明、追求輝煌？牠們有信念嗎？還是根本就是下意識的生命本能？或者乾脆就是一種歷史慣性的延續？……」

看著周宗奇一臉悲天憫人的神情，我笑著說：「你可以續寫一部屈原的《新天問》了。」

周宗奇說：「《三個紅色殉道者》就是我的《新天問》。」

周宗奇說：「從《文字獄》到《三個紅色殉道者》，我有一個思索展開的過程。或者說，《三個紅色殉道者》就是從《文字獄》大工程中延伸出來的副產品。在我對中國當代文字獄的研究撰寫中，從一個個獨立的『個案』中，發現了一個『共性』的東西。這一發現不僅沒有給我帶來驚喜和激動，反而讓我毛骨悚然、觸目驚心。胡風案可稱為新中國頭號文字獄，胡風的『三十萬言書』，因文獲罪。受胡風株連，有幾千人被投入監獄。然而我卻發現，作為悲劇的主角胡風，既有受迫害、被冤屈的被動性的一面，也有其自身的弱點和局限的主動性的一面。悲劇正是從哲學意義上的兩極，共同完成了它的角色分派。」

戴光中在《胡風傳》中這樣描述了胡風：

胡風的罹難固然因著他堅持真理、堅持自我的品性，同時也因著他急於投身權勢集體以圖建功立業的慾望。他的失誤在於，他竟然企圖帶著他的理論個性和精神個性成為最具效用的國家工具。就理論而言，具有主體性的工具當然更有效用，但在實際運行中，國家體制總是要逐步消滅所有工具的精神自我和主體人格。胡風既欲成為工具又想保住精神自我，表明他是一個理論與實際脫節的書生。這樣的書生在個人與體制的磨擦中、工具與工具的傾軋中，通常只能成為失敗者。胡風無論怎樣失敗，工具慾未曾稍減，支持他承受苦難的內在信念一直是他與體制的和解與一致。判決書下達以後，他在法律程序之外特意致書政治領袖：「我只是從我所體會的黨的原則和政策精神來看我的問題……我不上訴是從相信黨的立場上出發的。」他刑滿後又被政治領袖加判為無期徒刑，體制終於徹底拋棄了他。這位安心地「為黨坐牢」十四年的非黨員終於精神崩潰。七十年代末他幸獲出獄，曾上書要求將那些不懂行的工具（他的競爭對手或曰文敵）趕出領導崗位，當他發現受到體制排斥的不是他的對手，而依然是他本人時，他第二次精神崩潰。

周宗奇說：「做一顆永不生銹的螺絲釘，就是這種工具論的形象說法。」

周宗奇說：「胡風是一隻撲向『太陽』的燈蛾。他對毛澤東的膜拜由來已久，1945年在重慶見到毛澤東，雖然只說了幾句話，但他激動不已。毛澤東論魯迅的文章，也是首先在他主辦的雜誌上發表的。毛〈在延安文藝座談會上的講話〉發表以後，他其實也以自己的方式在重慶作出了回應，雖然在當時的環境下不能直言。只

是他自認為是更好地落實了毛的文藝思想，而不是公式化地生搬硬套。解放初期，胡風已經坐了冷板凳。在個人處境不好的情況下，胡風依然滿懷誠摯的心情，寫下了〈時間開始了〉。寫下一個『燈蛾』對毛澤東、對共產黨的全部嚮往之情。胡風在數千行的長詩〈時間開始了〉中，從開篇到結束，對毛澤東的歌頌完全發自內心，毫無矯飾，說是他的文藝思想的一次實踐也不錯。」

讓我們摘取胡風〈時間開始了〉中的一小段：

> 海
> 掀播著
> 湧著一個最高峰
> 毛澤東
> 他屹然地站在那裏
> 他背後的地球面上
> 照臨著碧藍的天空
> ……
> 毛澤東！毛澤東！
> 由於你
> 我們的祖國
> 我們的人民
> 感到了大宇宙的永生的呼吸
> 受到了全地球的戰鬥的召喚
> ……

周宗奇說：「正因為胡風認為自己是無比忠誠地信仰共產黨和偉大領袖，所以哪怕是有冷水、乃至污水向他潑來，也改變不了他

的忠誠。某種意義上也可以說是，胡風借詩來表達他的這種忠誠。魯迅在評價到屈原時，用了這樣的詞句：『信而見疑，忠而被謗，能無怨乎？』胡風的悲劇就是屈原悲劇的現代版。屈原的投汨羅江，就是中國歷史上第一隻投火的『燈蛾』。」

周宗奇還講到王實味。

王實味是河南潢川人，原名叔翰，1930年以後用「實味」的名字投稿，還用過詩薇、石巍等筆名。1925年他考上北大，和胡風是同班同學。1926年二十歲時加入共產黨，那時北京還在軍閥統治下的一片白色恐怖之中，李大釗就是1927年被殺害的。他在北大讀了兩年，因為經濟原因而輟學。

學生時代他已開始發表小說，三十年代初在上海出版過小說集，還翻譯了不少西方文學作品（如都德、哈代、高爾斯華綏等人的作品），1937年奔赴延安前已經是個作家、翻譯家。在延安的頭四年，他翻譯了一、二百萬字的馬、恩、列經典著作，算得上是個有成就的馬克思主義翻譯家，正經八百的黨內知識份子。

其實他一直是個真誠的馬克思主義者，並沒有向這一意識形態提出挑戰。他不過是追求普通的人性，在他的短文裏表達了自己樸素的人性觀點。這些恐怕和他在北大所受的教育、和他西方文學的深厚造詣有關。他雖然信仰馬克思主義，但也沒有放棄最基本的對人性的內在追求。這是他1942年闖禍、1943年被捕、1947年被殺的根本原因。

他批評「革命聖地」缺乏人際之間的溫暖，多少熱血青年奔赴延安就是為了尋求「美麗與溫暖」，所以對「醜惡與冷淡」「忍不住」要「發牢騷」。他說：「要想在今天，把我們陣營裏的一切黑暗消滅淨盡，這是不可能的；但把黑暗削減至最小限度，卻不但

可能，而且必要。」所以他反對以「必然性」、「天塌不下來」、「小事情」為藉口，推卸每個人（尤其是「大人物」）的責任，認為那是「間接助長黑暗，甚至直接製造黑暗！」他直言不諱地反對等級制度——「我並非平均主義者，但衣分三色、食分五等，卻實在不見它必要與合理——尤其是在衣服問題上（筆者自己是有所謂的『捕耗服小廚房』階層，葡萄並不酸）」，當時他是特別研究員，穿著和領袖一樣，津貼比邊區主席林伯渠還多，和王若飛一樣吃中灶，在延安文化人裏算是有地位的。但他無法容忍那些不如人意的現象，並提出語無遮攔的批評，他的立足點不是政治性的，而是人性的，因此他倡導的是愛和溫暖，他之所以參加革命，說穿了也就是追求人性，他說青年們來延安是為了「美麗與溫暖」，在〈野百合花〉後半部分發表的同時，他的另一篇文章〈政治家·藝術家〉也在《穀雨》上發表。他強調政治家與藝術家不同，實際上尖銳地指出了藝術家可以獨立於政治家、藝術獨立於政治之外，有它自身的規律這樣一些要命的問題。

　　他指出，政治家的任務是改造社會制度，藝術家的任務則是改造人的靈魂。「人靈魂中的骯髒黑暗，乃是社會制度底不合理所產生；在社會制度沒有根本改造以前，人底靈魂根本改造是不可能的。社會制度底改造過程，也就是人底靈魂底改造過程，……政治家底工作與藝術家底工作是相輔相依的」；政治家「善於進行實際鬥爭去消除骯髒和黑暗，實現光明與純潔」，藝術家「善於揭破骯髒和黑暗、指示純潔和光明」；「政治家對事更看重」、「藝術家對人更求全」，因為「政治家瞭解在革命過程中，自己陣營裏也是人無完璧、事難盡美；他從大處著眼，要把握的是：歷史車輪前進著，光明佔了優勢。藝術家由於更熱情、更敏感，總是渴望著人更

可愛、事更可喜；他從小處落墨，務求盡可能消除黑暗，藉使歷史車輪以最大的速度前進」；政治家的優越性是「怎樣團結、組織、推動和領導革命力量，怎樣進行實際的鬥爭」，藝術家「自由地走入人底靈魂深處，改造它」；政治家和藝術家各有各的弱點，政治家熟悉人情世故、精通手段方法、善於縱橫捭闔，貓的利爪可以捕老鼠也可以用來捉雞雛，這是要防止的；藝術家驕傲、偏狹、孤僻，甚至互相輕蔑、互相傾軋。

他說：「舊中國是一個包膿裹血的、充滿著骯髒與黑暗的社會，在這個社會裏生長的中國人，必然要沾染上它們，連我們自己——創造新中國的革命戰士，也不能例外。這是殘酷的真理，只有勇敢地正視它，才能瞭解在改造社會制度的過程中，必須同時更嚴肅、更深入地做改造靈魂的工作，以加速前者底成功，並作它成功底保證。」

周宗奇說：「這位北大出身的知識份子，像一隻『燈蛾』，以生命的滿腔熱情，飛向紅太陽升起的地方。然而等待他命運的就是這樣一個悲劇。當他遭到批判、鬥爭以後，其他的知識份子，丁玲、周揚、劉白羽等黨內知識份子，艾青等黨外知識份子，幾乎都參與到批判的行列中，蕭軍是唯一的一個例外。」

周宗奇為此段歷史，寫下十幾萬字的長文：〈是誰殺死了王實味〉。

周宗奇筆下的《三個紅色殉道者》

　　正是在這一視野中，《三個紅色殉道者》的主角潘漢年、楊帆、關露——進入周宗奇的視線。

　　「三」是一個複數。事不過三，過三就成為一種普遍現象。三點確定一個平面，三個紅色殉道者身分各異的生命走向殊途同歸，展示出的是一個真實的社會畫面。

　　周宗奇說：「《三個紅色殉道者》中，最早進入我視線的是關露。一個極美麗又極有才華的女詩人。關露本名胡壽楣，關露是她的筆名。關露祖籍是河北人，1907年出生在山西右玉縣，也算得上我們半個山西老鄉。幼年時就住在離我們南華門不遠的寧化府，那個出產名醋的小巷。父親是清朝的知縣，臨終時連一副棺材板的積蓄錢也沒有，可見是個清官、好官。關於關露父親得罪官場而被免官的情節，也是一個極感人的故事。關露是南京中央大學的高才生，非常虔誠、純潔的那麼一個女性，在那個時代也是很典型的。一心嚮往共產黨，三十年代，關露加入了左聯，擔任黨的地下交通員。參與發起了中華婦女解放促進會，還參加了中國詩歌會、中國文藝家協會，是三十年代中國文壇上的活躍人物。出過好幾本詩集，還有小說散文集。」

　　「我最早是聽孫謙提起的，孫謙解放初期，不是在文化部電影局待過嗎？他說，電影局有一個奇女子，三十年代由趙丹主演的《十字街頭》那部電影，主題歌『春天裏來百花香，唧裏格來唧裏格唧⋯⋯』就是出自她之手。她的死，引起了社會和文壇一次不小

的震動，文化部和中國作協都為她舉行了莊重的悼念儀式，文壇上的許多重要人物都參加了懷念她的座談會，丁玲、周揚、姜椿芳等人還發表了惋惜的講話。解放後，關露不斷進入監獄，來一次運動弄一次，肅反、反胡風、反丁玲，直到文化大革命就更是了。把那麼一個有才華、有追求的女詩人，弄得精神分裂了。孫謙當時是當傳奇故事講給我聽的。後來出了監獄以後，一個親人也沒有了，補發了一些錢，也沒法花，就買香水，見香水就買，各種各樣，大瓶、小瓶，買了一百多瓶香水。那麼多年，在監獄那麼個環境下，對人的精神摧殘有多大？一直熬到1982年平反了，她卻精神崩潰自殺了。自殺的動機很奇怪，說是最後為黨做貢獻，騰出她住的那間十幾平米的小屋。」

　　「關露命運的轉捩點是發生在1939年秋後的一天，上海地下黨負責情報工作的劉少文祕密約見關露。他給關露看了一份從大後方打來的、由中共南方局負責人葉劍英署名的密電，要她速去香港找小廖。小廖即廖承志，當時是八路軍駐香港辦事處負責人。關露乘輪船赴香港後第二天下午，有兩位風度翩翩的男子到旅館來找她。剛坐下，其中一位稍胖的首先對關露說：『我就是廖承志。請你到香港來，是要你接受一項特殊的工作任務。具體工作由這位潘漢年同志給你佈置和交代。』把關露調來擔負特殊的情報工作，具體原因是：曾經是中共地下黨員，後來被國民黨逮捕自首叛變，再後來又投靠了日本人，成為汪偽政權特工總部頭目的李士群，因為不想在漢奸這條危險的路上走入絕境，希望能和中共暗中有所聯繫，做一點對抗日有利的事情，為自己留一條退路；而中共情報機關在獲悉李士群的這一動向後，也決定利用李士群這一心理，對他進行策反工作。就這樣，關露接受黨的安排，進入了漢奸特務組織。有

一個有意思的細節是，潘漢年在關露臨行前對她說：『以後要是有人說你是漢奸了，你可不用辯護，一辯護就糟了。』這句話很自然，你一辯護，不就自己暴露了身分？關露點點頭說：『我永不辯護。』誰想到，如此一去，假戲就成了真做，就算渾身長一百張嘴也辯護不清了。」

「毛澤東五十年代在接見日本一個代表團時，說了一句語驚四座的話。日本人為侵華戰爭表示道歉，毛澤東說：『我們應該感謝你們，沒有抗日戰爭，就沒有後來的打敗蔣介石。』毛澤東的話真有點是不打自招，一語道破天機。當年在抗日戰爭中，為了壯大自己，共產黨暗地裏也有與日偽軍勾勾搭搭的地方，只不過隨著抗戰的勝利，蔣介石懲治漢奸，共產黨對這段歷史諱莫如深，再也不願涉及。於是，關露一批人員也就成了統戰大局的犧牲品。從此，關露的漢奸形象在大眾之中再也無法改變。關露的文章再不能以關露的名字在解放區發表；關露也再不能以共產黨方面的人出頭露面；甚至她的愛情，也毀在了這頂『漢奸文人』的帽子上。怎麼回事呢？那個著名的外交家王炳南愛上了關露，然而就在王炳南準備趕赴關露身邊時，周恩來和鄧穎超勸阻了他，要他考慮到關露的公開身分是這麼一個漢奸文人的形象：『你們的結合，對你今後的外交家生涯，是有負面影響的。』於是，關露就只有朋友送的一個布娃娃陪伴終身。」

周宗奇說：「後來在查找資料的過程中，接觸到潘漢年、楊帆，這是建國後通天三個大案：胡風案、丁陳案和潘楊關案。潘漢年是上海一解放的常務副市長，也就是當年陳毅市長的二把手。按潘漢年的性格，是一個謹慎從事的人，是一貫聽從組織安排這麼一個人。後來毛澤東給他定的罪名是什麼呢？就是私自會見汪精衛，

這個罪名不能饒恕。實際上這是個冤案，我根據資料看是這麼回
事，當年蔣管區的地下黨工作是由王明和周恩來負責，這就牽涉到
武漢長江局與延安黨中央的一段歷史糾葛，這裏面還涉及文革中四
人幫攻擊周恩來的『伍豪事件』。這是由抗日戰爭中非常微妙複雜
的形勢所決定，不是三言兩語能說清的，咱們就不說了。對於潘漢
年的問題，周恩來沒說過一句話、沒表過一個態。按說潘漢年搞特
工工作，是在你周領導之下，五十年代就完全有能力保護潘，這說
明中間周恩來肯定有難言之隱。為共產黨幹了二十七年，坐共產黨
監獄坐了二十七年。楊帆又是怎麼回事？他在新四軍時，是項英的
部下。因為楊帆三十年代曾在上海搞地下工作，對藍蘋的底細瞭若
指掌，當毛、江結合時，他寫了份材料，以項英的名義發給中央，
說藍蘋不宜和毛澤東結合。這就留下了一段歷史宿怨。當解放後，
江青和楊帆在莫斯科意外照面後，就註定了楊帆的悲慘命運。欲加
之罪，何患無詞，江青說潘楊兩人重用了汪偽政權的特工人員。解
放後，楊帆是上海市公安局長，管公檢法系統，他們當時用敵偽間
諜搞一些材料，就是利用敵人以毒攻毒的意思。這當然有不為人知
的大政治背景。政治是最骯髒的。他們三個都出身書香門第，都屬
於文化人，三十年代都是桂冠詩人，然後都是根據黨的指示轉入地
下工作，最後都進了共產黨的監獄。最可悲的就是這一點：至死不
覺悟。為什麼這麼愚忠？我用歷史的眼光、從反思的角度來看他們
這一點。」

　　周宗奇對「紅色殉道者」們的愚忠行為，用了魯迅的那句名
言：「哀其不幸，怒其不爭」。

　　周宗奇說：「從胡風、王實味，到潘漢年、楊帆、關露，我們
看到的是，一個個撲向革命烈焰，撲向紅太陽的『燈蛾』們，被燒

焦、被燒毀生命的身影。他們都是有文化、有思想的人，胡風與王實味是北大的同班同學，王實味的被批、被鬥直至被殺，難道胡風對此前車之鑒就視而不見嗎？仍然那麼奮不顧身、前仆後繼地要撲向革命的烈焰、要撲向心中的紅太陽，這有些讓人不可思議。」

「燈蛾」們是如何成為「紅色殉道者」的?

現在,已經有越來越多研究歷史的專家學者,對文化大革命、中國上世紀的革命,追根溯源,與二百年前的那場法國大革命進行了「血緣鏈結」。至今,透過二百年歷史的時空,我們仍能聞到巴黎公社雅各賓黨人掀起的「紅色恐怖」的血腥氣。

雨果在描繪法國大革命的《九三年》一書中,有一句石破天驚的話,二百年後仍像讖語一樣警醒著我們:「革命是一架嗜血的機器,它靠吞噬生命才得以維持生存。」

在法國大革命中,那個主管意識形態領域的宣傳部長鞠斯特,在人民代表大會上公開發表宏論:

「任何一件改變整個道德界、也就是說改變人類的創舉,有不流一滴血而能實現的嗎?宇宙精神在精神領域裏要借助我們的手臂,就像它在自然領域裏利用火山和洪水一樣。他們或者葬身於瘟疫,或者在革命中死亡,這又有什麼不同?

革命好像是珀利阿斯的女兒:把人類的身體肢解,只是為了使他返老還童。人類再從血鍋裏站起來的時候,將像大地從氾濫的洪水裏湧現出來一樣,生長出強健有力的肢體。我們會像第一次被創造出來一樣充滿無限旺盛的精力。」

郭沫若以才高八斗的「考古」功底,發掘出〈鳳凰涅盤〉:「天方國有神鳥,名『菲尼克司』(Phoenix),滿五百歲後,集香木自焚,復從死灰中更生,鮮美異常,不再死。」並以高亢的歌喉,吟誦著〈鳳凰更生歌〉的詩句。

鳳凰，投身熊熊烈焰，燒毀的只是污濁的凡體俗胎，得到的卻是涅槃後的嶄新生命。

「燈蛾」們大概也把自己當作了「鳳凰」，唱著「在烈火中永生」的歌，義無反顧地撲身熊熊大火。牠們期待著「再生」。一個宗教的主題。

「不破不立，破字當頭，立字就在其中了。」新生誕生於毀滅。新生未見，毀滅已成。

從傳統到現實、從文化到哲學、從權勢到民風，血紅、雪白、橘綠、橙黃，共同凝固積澱為這塊土地。「羌笛何須怨楊柳，春風不度玉門關。」

一條顛撲不破的革命「鐵律」誕生了。

我想到了和鳳鳴在《經歷——我的1957年》中的兩段自述：

> 由於整個社會輿論的強大作用，我和我的難友們有時也覺得自己靈魂深處有不少污垢，遇到大風大浪未能站穩立場，所以才陷入了右派的泥坑，而勞動人民才是我們學習的榜樣。確實也想誠心誠意地透過艱苦的勞動把自己改造成新人，改造成中國共產黨所需要的人。

> 阿‧托爾斯泰在《苦難的歷程》第二部的開篇語，此刻又撞擊著我的心。這段話說：「在清水裏泡三次，在血水裏浴三次，在鹼水裏煮三次，我們就會純淨得不能再純淨了。」……我自己已被饑餓折磨得難以支撐，想的還是浸泡、蒸煮本身，讓靈魂無比純淨的事。當時我崇拜偉大的作家，一種使自己的靈魂更為純淨的強烈願望，使我仍真誠地相信阿‧托爾斯泰的這些話，在這種自我寬慰的夢幻裏浮沉，精神上似乎獲得了一些寧靜。

　　我剛撰寫完《唐達成文壇風雨五十年》，唐達成在歷經二十多年的磨難，九死一生後仍是這樣的思考角度：

> 　　一場風暴掃過，要蕩滌一切枯枝朽木，怎麼能保證風暴在摧枯拉朽之際，不帶倒幾棵好樹呢？一些小樹幼苗，城門失火，殃及池魚，為此付出犧牲也是難免的。
>
> 　　一個外科醫生做手術，為了治病救人，在切除腐肉、毒瘤的同時，怎麼可能不捎帶著切去一些好肉呢？
>
> 　　人世間，就是一座鍛冶爐。有人從憂患的鍛冶爐裏出來時，煉得純潔、明淨，有如金子一樣。他的天性是用貴重金屬做成；有人被活活燒毀或者沒有煉得明淨，他的天性就是用木頭和廢鐵做成的。

　　我們後來者恐怕已經很難判斷，從這些話中，有多少成分是極權政治高壓下的一種屈心表白；又有多少成分是在努力要求自己提高思想認識的境界？

　　……也許任何比照都是蹩腳的，豈能用一些凡夫俗子的心理，去度量「偉大革命者」的胸懷？然而，錢鍾書說：「東海西海，心理攸同。」這正是那一代革命者或嚮往革命的青年共同的精神特徵：將苦難神聖化，在苦難中純淨靈魂，成為「新人」的「聖徒情結」。這裏顯然存在著俄羅斯文學與文化對這一代人的深刻影響。這樣的信念與情結的道德自律的純潔性，是無可懷疑的。魯迅早就警告過，「杜思妥耶夫斯基式的忍從，『是有可能導致』對於橫逆之來的真正的忍從」的。

　　現在，從唐達成、和鳳鳴這些右派的「內心獨白」中，我們是否可以解讀一點「燈蛾」們的心理呢？

唐達成在痛定思痛後，說過這麼一句頗為深刻的話：這一次次的運動，「不僅是人力、物力上的浪費，更是對人真摯情感的一種浪費。」中國共產黨沒有善待，甚至可以說是褻瀆了人民對他曾經的一片忠心赤誠。

「燈蛾」們的悲劇，隱含著兩個十分可怕的邏輯：一是「為了達到所謂『崇高』的目的，可以採取一切卑劣的手段」；一是「為了所謂整體的、全局的利益，個人應作無條件的犧牲」。無數的「燈蛾」們，就這樣被擺上了「革命全局」的祭壇。

我們華夏民族文化傳統留存給我們的精神遺產，就是屈原式的「獻身奉君」。「君要臣死，臣不得不死。」現在我們的反思，已經把目光投向東西方文化的源頭，有學者將「屈原之死」和「蘇格拉底之死」進行了政治、經濟、哲學、文化的全方位比較，展示了東西方文化中天壤之別的「生死觀」。

卡夫卡說：「殉道者們並不低估肉體，他們讓肉體在十字架上高升。在這一點上，他們與他們的敵人是一致的。」

周宗奇身上的二律背反
——孝子與逆臣

　　周宗奇是南華門有名的孝子。我不知當年馬烽選中周宗奇當接班人，是否正是看重這一點。馬烽曾對我說過這樣的話：「一個連自己父母都不愛的人，千萬別去和他打交道。」

　　西戎也曾非常明確地對我說過：「交人首先要看人品，看他對他的父母孝順不孝順。忠臣出自孝門。」

　　張石山在《穿越——文壇行走三十年》中，有一節專講：「大孝周宗奇」：

　　　　文革大破四舊，中華傳統美德無不遭到嚴重踐踏。

　　　　「百善孝為先」從口頭禪變成人們陌生的話語。

　　　　但中華傳統極其豐厚，豈是能輕易、徹底破除掉的。孝敬父母長輩，幾乎屬於人的天性本能。只忠於一個組織、一個領袖，不要孝敬自己的爹媽，恐怕只是個別人的狂妄幻想。所以，我在最近給文學青年講課中大聲疾呼道：「一個人如果不孝敬爹媽，奢談叫嚷什麼『為人民服務』，完全等於放屁！」

　　　　周宗奇自幼喪父，對老母親極盡孝道。而一個人孝敬自己的父母，還會向人誇耀嗎？他多年如一日的孝行，是被周遭人們一致認可的。

　　　　我到編輯部之初，發現周宗奇辦公桌的玻璃板下，壓著老母親的照片。照片一側，是他工整抄錄的唐人詩句：「誰言寸草心，報得三春暉。」我當時心中便頗多感慨。

多年之後，他還有一句話，使我獲益匪淺。六、七年前，有一天我母親毫無來由地破口大罵了我一頓。後來分析，那是對我父親的火氣不得發洩，拿我來出氣。可在當時，我真有點受不了。在文學院的例會上，還當作一回事講給大伙兒聽。周宗奇脫口言道：「啊，母親罵你，你還計較啊？」父母已經不在世的老蔡則說：「這把年紀還有老媽責罵，是你的福氣呀！」

兩位仁兄的話語，真好比醍醐灌頂，給了我極大的教益。

我看到過周宗奇寫母親的那篇收入到多種版本的著名散文，題名為〈母親屋〉：

這所屋子太蒼老了，一如我那八十五歲的老娘親。母親太蒼老了，一如這被歲月風雨剝蝕得面目全非的老屋。

那年回鄉探親。專署一位小司機送我回村。他一看清面前的情景，便立刻大呼小叫：「嗨，你這大作家在省城那樣闊，怎麼就讓老人住在這種地方！」說者也許無心，卻恰似一聲響在我耳畔的炸雷。

老屋是一座老式四合院的南房，夯打的土牆、土坯砌成的山牆，裏外使泥抹光，撐起一片木椽青瓦，典型的土木結構。在我們家鄉一帶，這種傳統民宅世代相傳，不知起自何年。

幾十年來，住在老屋的唯有母親一人而已，當然連同她的操勞與孤獨、企盼與憂傷、紛紛淚與亂亂夢……我稱它為母親屋，誰又能說不貼切。

……

在茫茫宇宙之中的小小地球上，在偏遠鄉村的一角暗夜裏，在一間稍有震動也許就會散架的老屋，有位年邁的母親在喁喁低訴；但她是訴說給自己唯一的兒子聽，是她幾十年第一次也許是最後一次的傾心訴說。……

四下裏益發寂靜，你彷彿可以聽見空氣在呼呼燃燒、地球在地軸上軋軋轉動，銀河系所有的造父變星都在一呼一吸，多事的外星人正在竊竊私語……這種已經完全與天籟融為一體的原始寂靜，是一個童話世界、是一個神奇夢境。此時此刻，你會突發宇宙探祕、生命溯源、人類尋根的種種衝動、想像和思索……

我披衣坐起，正有冷月入窗，斜照在母親身上，哦，原來她老人家睡著了。她半躺半坐在那兒，身軀竟是這麼瘦小衰弱，頭微微側著，那皮肉鬆弛的頸脖似乎已不堪重負，雪白的頭髮相當稀疏、相當乾枯，裸露的頭皮很不雅觀，臉上何時長出許多老年斑？一塊、兩塊、三塊……連嘴角都爬滿密密麻麻的皺紋，唯一生動之處，是那眉梢嘴角的確顯出笑意盈盈，她分明是在訴說到最酣暢時嘎然入睡的。

我忘情地凝視著，心裏不禁一陣痛楚，同時伴生出一種陌生之感：這就是我的生身母親麼？

是的，這就是你的生身母親！就是她生出你這條一米八十的北方大漢，就是她在血淚中跌滾幾十年而成全了你這個所謂的作家，就是她用一組莫測高深的遺傳密碼敲擊出你這個新生命。說什麼人類生命由彗星帶來，說什麼生命誕生於海水泡沫，說什麼人類生命乃外星人的慷慨恩賜……全是玄虛之言！你的血肉之軀、三魂六魄、靈慧之氣，全來自眼

前這位年邁體單的老母親，是她賦予你鮮活生命、賦予你萬能的一切，你還猶疑什麼？你該如何報答她？

驀地，一隻老鼠咚咚咚地竄過紙糊的天花板，另外兩隻鼠兒在地角吱吱打架。也許牠們本是一家，因為牠們從土牆打洞，可以直通天花板；也許牠們不是一家，因為老屋裏聚居著鼠輩們好多個部落，牆壁都快讓牠們掏空了。我不由得擔憂地望著天花板：它完全用舊報紙糊成（這在今日農村已很難見到了），顏色已變得灰黃，補著七、八塊補丁，鼓出三、五個大包（那是從屋頂不斷剝落泥土所致），真怕再多幾隻老鼠在上面折騰一下。它準會整個脫落下來，砸到母親身上。可我再看母親，她依然沉沉入睡，臉上依然掛著那滿足、舒坦的笑意。看來她在這危機四伏的老屋所度過的日日夜夜、所蒙受的全部艱難困苦、焦慮憂傷、屈辱悲痛，都因對兒子的一夕傾訴而煙消雲散。她似乎為這樣一次短暫的母子相聚而甘願奉獻自己幾十年的生命代價。她所索要的回報幾乎等於零，不，她根本就不求回報，這也許就是母愛珍貴於其他一切情感的本質特徵。母愛看似最廉價，其實價最高，其實真無價。

……

往常辭行，總是一件很艱難的事情，免不了灑淚而別。登車之際，你回頭一看，是母親那孤零零的老屋，是老屋前那孤零零的母親。若然碰巧是冬季，但見長天蕭瑟、草木凋零，朔風鳴咽，無邊冷闊渾黃。她老人家白髮飄散、身形瑟縮、神情淒然。那老屋千瘡百孔、搖搖欲墜、老氣橫秋。每當此時，我一想到此別也許竟成永訣，便不禁心如刀割、淚如泉湧，只好一咬牙登車離去，以免哭出聲來。

　　一間破舊不堪、櫛風沐雨的「南房」，竟激起周宗奇洶湧澎湃的情感波瀾，顯然作者是採用了傳統的「比興」手法，在一間老宅中，承載、包容、寄寓了周宗奇對母親深深的眷戀和懷念。

　　周宗奇幾次對我重複過同一個話題：「我這一輩子最滿意的兩件事：一個是寫《文字獄》；一個是在母親最後的日子裏，我一直陪伴在她身旁，為她養老送終。」

　　在周宗奇寫的馬烽傳中，他特別濃筆重墨地寫了一節：〈寫不盡的母親〉。這是一篇數千字長文，我只能摘取隻鱗片爪，以做管中窺豹：

　　　　筆者粗略地計算了一下，馬烽先生跟母親王貞如來到這個世界上走了一回，母子們真正朝夕相處，總共不過十六年十三天再加兩夜。具體情況是：馬烽先生從生下到參加革命出走，這是十六年；抗日戰爭勝利後，他頭一次回鄉探親，在母親身邊只住了一夜；1950年春天，他接母親在北京住了九天；1951年春節，他與新婚妻子段杏綿趕回居義村，和母親相聚一天一夜；同年夏天母親患病之後，他趕回去問病奉母，住了兩天。這兩天，是他們母子在人世間相處的最後兩天，從此竟成永訣，泉下地上，相逢只有在夜夜夢中。

　　　　筆者之所以要計算這一道簡單的加法題，是想再一次昭示那個叫人心碎的生命不等式：「誰言寸草心，報得三春暉。」

　　　　母愛是最偉大的人性美！它的真價值在於不求回報也難以回報。唐朝詩人孟郊在五十歲時方才體認到這一人生真諦，故而寫下千古絕唱〈遊子吟〉：「慈母手中線，遊子身上衣。臨行密密縫，意恐遲遲歸。誰言寸草心，報得三春暉。」對於

春天陽光般溫暖博大的母愛，小草似的兒女們又怎能報答於萬
一呢？對此，兩百多年後的大文豪蘇東坡感同身受，讀罷〈遊
子吟〉後，評論道：「詩從肺腑出，出輒愁肺腑。」認為孟郊
寫盡了天下兒女難報母恩的無窮愧疚和天大遺憾。當代學者門
巋先生做了一件功德事，主編出版了一本《母恩難忘》，收錄
一千多篇敬頌母恩的文章，都出自現當代各類著名人物之手。
其中毛澤東的〈祭母文〉尤為搶眼感人。

　　筆者在此專提偉人毛澤東，是要扯回前文書中留下的一
個話題。革命統帥毛澤東敢於並善於公開書寫親情，一生將
人性美揮灑得淋漓盡致。但奇怪的是，他麾下無數革命文藝
戰士，特別是成長於解放區的「黨員作家」，在這方面卻都
驚人的不越雷池，惜墨如金，創作生命力最旺盛的革命年代
裏，很少有誰以自己的偉大領袖為榜樣，給自己的父母、家
人公開寫過什麼文章，更別說像〈遊子吟〉、〈祭母文〉這
樣的傳世名篇了。從文學創作的角度來看，這難道不是一道
饒有興味的思考題嗎？

　　多虧歷史上留下了毛澤東先生的〈祭母文〉。那麼，我
們不妨將它視為一代「黨員作家」對偉大母親的共同哀悼、
對人間母愛的共同讚美、對母恩難報的共同愧疚吧！

　　　嗚呼吾母，

　　　母終未死。

　　　軀殼雖隳，

　　　靈則萬古！

　　　有生一日，

　　　皆報恩時；

有生一日，

皆伴親時！

尚饗！

　　周宗奇在這裏算計的是馬烽與母親一生共處的時間，寫得是鐵血鐵腕毛澤東的〈祭母文〉，其實何嘗不是周宗奇孝子的一片赤誠？

　　楊占平與周宗奇私交頗深。周宗奇的母親去世，周宗奇處理後事時，整個作協僅叫楊占平和吳孝仁兩人。楊占平說：「周宗奇為了他這個老母親，什麼樣的犧牲也能做出。還在八十年代初吧，省裏的一個主要領導選中他當祕書，後來這個領導上調中央，這是多好的機會？誰不清楚祕書是走向從政之路的一條捷徑。可宗奇放棄了，他說一是不想當祕書，二是不能把老母親一個人扔在山西。也是八十年代初吧，深圳那面也有個相當不錯的升遷機會，宗奇又因為老母親年事已高拒絕了。典型的大孝子。大概是孔夫子那句話吧？『父母在，不遠遊』。」

　　周宗奇在1989年6月10日的日記中，記了這樣一筆：

　　　　在懸空寺下有一卜者名叫安明修，老遠喊我是孝子，要為我免費算卦。說我明年三星高照，說我能活八十五歲以上，說我老母是觀音娘娘轉生。盡是好聽話。眼前就有大難，他都看不出，卻說明年要發，笑而遠之。最後要三十元錢，我看在說了我老娘的好話，便慨然付之。

　　周宗奇在〈母親屋〉中，有這麼一句「隱筆」：「你這大作家在省城那樣闊，怎麼就讓老人住在這種地方！說者也許無心，卻恰似一聲響在我耳畔的炸雷。」這也許成為了周宗奇的一塊「心病」。

周宗奇向我如實而詳細地談起這本「家家都有難念的經」的婆媳關係。這是剪不斷理還亂的一團亂麻。有人說，婆媳是天敵。這是不同身世、不同經歷、不同性格的兩個女人驟然聚在一起的互不適應，還隱含著「情感爭奪」的一種微妙而且敏感的女人纖細縝密的心理。清官難斷家務事。我無意也無力去梳理這團亂麻。

楊占平以對周宗奇的瞭解，對我說：「這件事弄得宗奇……宗奇跟我都說過這樣的話：『我是寧不要老婆，也不能不要老娘。』宗奇這麼個性子，你相信他能說出這話來。」

我向周宗奇求證，周宗奇說：「還不至於矛盾衝突到水火難容。我母親是那種善解人意，善良到寧肯自己吞嚥委屈，也不願給別人帶來一點點難堪和不舒服。她怕影響到我們夫妻的感情，她只說是自己在城裏住不慣，要回村裏去。」

周宗奇早在發表於1980年代的姊妹篇小說《母親，你為什麼要走？》、《母親，你為什麼不走？》中，以小說家的「曲筆」，寫到夢縈纏繞、揮之難去的陰影心病。

周宗奇說：「一邊是生你養你、含辛茹苦的老娘，一邊是與你朝夕相處、相濡以沫的老婆，把你夾在中間。魚與熊掌，不能兼得。大概這就是人生的荒誕和悖謬？甘蔗沒有兩頭甜，兩全其美的願望，結果常常落入兩難的境地。人大概總會面臨那部著名蘇聯小說提出的命題：「你到底要什麼？」。這其實是一道永遠無解的兩難選擇。你是要你的左眼還是右眼？你是選擇渴死還是餓死？你發現，你還是得回到張藝謀的那部電影：《一個也不能少》。」

周宗奇最終的選擇就是：在老家附近租一套房，把電腦搬回去，一邊創作，一邊陪伴老娘。

周宗奇頗為感歎地寫下〈春聯自解〉一文：

　　周子曰：「不是我家租成我家人生原本即寄住；何以盡孝勉力盡孝世間難報唯母恩。」

　　以上是我自撰的羊年春聯。

　　我的老母親跳過年九十有三，去年不慎摔壞了腿，已基本喪失生活自理能力，全憑嫁在本村的妹妹悉心照料。做為獨子，我理當負起責任，克盡孝道。怎奈住處倒成了難題：村裏的故宅已然破敗不堪，無法居住；省城的家裏十分寬敞，但老母親嫌遠，死活不去。情急之下，我便在家鄉一座小城郊區租下一處房子，權且寄身過年。面對未經裝修、了無陳設的空屋白牆，一陣陣悽楚悲涼不免襲上心頭……不過轉念一想，人生一過客。身居何處又能逃脫一個「寄」字？也便頓覺釋然。

　　只是委屈老母親了！生我者父母，但父親早逝，養我者唯母一人。撫孤不易，忍辱負重、艱辛備歷。別的不說，六十多歲時還一天三晌下地幹活掙工分；七十九歲那年，還自己搭梯子上房除草補漏，為省幾個雇人的錢。僅此兩端，至少在我們家鄉一帶是絕無先例的。如今她已風燭殘年，不僅得不到應有的回報，反要跟著兒子背井離鄉，飄零在外……這是一份怎樣的苦命啊！

　　每念及此，我真是心如刀剜，羞愧難當。

　我還看到周宗奇寫的〈母親的連鍋麵〉，周宗奇的一片孝子之心，隨時流瀉於字裏行間。

　我在周宗奇身上，看到了已為當代人掛在嘴上的一個詞：「戀母情結」。不要誤會，我所指的含義層面，並非佛洛伊德極端化

的那個「弒父娶母」，先天性存在於潛意識的性本能的「戀母情結」；而是具有華夏文化色彩，「養子方曉父母恩」的那種後天生發出來的「戀母情結」。

我對周宗奇說：「自唐宋以來，統治階層就有了一條經驗總結：『求忠臣必於孝子之門。』幾千年獨尊儒術的傳統文化，就是一個『君君臣臣、父父子子』的倫理觀念。一個人真能愛父母、愛家庭，他才會愛國家、忠君。國家國家，中文、英文概念就有差異：英文中國家專指政體，而中國文化，國是家的放大，家是組合成國的基本細胞。國破家亡、沒國哪有家，都是這一觀念的表達。其實，還可以一直前推到堯舜時代，堯不正是首先發現了舜的孝，從舜對待其父母和兄弟象的態度上，才將他選為接班人？你《文字獄》中提到的雍正皇帝，出於統治的深謀遠慮，或者正面地說是一種高瞻遠矚，他深諳華夏民族的這一特點，親自編撰了《大義迷覺錄》，大張旗鼓地宣揚忠孝思想。中國歷代的文人、官人，所謂的『忠孝不能兩全』，說到底還是為了『忠』可以犧牲『孝』……」

周宗奇聽得哈哈大笑：「你陳為人繞脖子兜圈，還不是拐彎抹角地罵我：『你周宗奇是個大孝子，然而是個大逆臣。』」

我也哈哈大笑：「算你還有點自知之明。你不覺得在你身上，忠孝兩字出現了二律背反嗎？」

我說：「你還記得解放初期，吳運鐸寫的那本書，《把一切獻給黨》嗎？據說一版再版，印了上千萬冊。由吳運鐸開始，為一個社會學、政治學問題破了題。後來，又由毛澤東題詞『向雷鋒同志學習』的那個雷鋒，唱出了一個時代的主旋律最強音：『唱支山歌給黨聽，我把黨來比母親。』此後，這就成為時代的紅色經典。一時間，此起彼伏、一浪蓋過一浪的這一流行曲就不絕於耳。時任中宣部

長的王任重說：『黨是媽媽，不能因為媽媽錯打了孩子一巴掌，就怨恨黨。』丁玲很快就鸚鵡學舌，在美國，當西方記者問她：『共產黨把你打成右派，受了這麼多年的磨難，你對共產黨還愛嗎？』丁玲拍案而起：『我永遠是中國共產黨的黨員，黨是我們的母親，沒有孩子責怪母親的。』還有在你的馬烽傳裏，記錄下馬烽曾說過的這麼一句話：『當我們的母親做錯了什麼事情，我們總是家醜不可外揚，回到家，悄悄地勸勸母親。有誰會跑到大街上去大喊大嚷，揭自己母親的短？』還有，你在《三個紅色殉道者》裏，有這樣一個細節：關露給她的妹妹胡繡鳳寫信，用暗語表示她想回延安去的願望。信中這樣寫：非常想念母親，舅舅讓我去看望母親，不知母親意見如何？胡繡鳳當即將姐姐的心願，向八路軍駐重慶辦事處的負責人鄧穎超彙報。不久後，鄧穎超告胡繡鳳，說延安已和上海地下黨聯繫過，要關露仍留在上海做地下工作。胡繡鳳只好給姐姐回信：『母親不要你回來，希望你留在上海照顧弟妹。』這麼些人萬口一詞、千人一腔，共同合唱著同一首歌，而你為什麼拒絕合唱？」

　　周宗奇變得神色凝重起來：「不是我在忠孝兩字上出現二律背反，而是他們當政者，在黨國兩字上製造了二律背反。」

　　周宗奇向我談到孫中山。

　　孫中山在中華民國臨時大總統的任上，毅然決然放棄權位，實現承諾，辭去這一最高職務，這一壯舉，放在中國歷史上乃是前無古人的，這是近代政治文明的一束曙光，給予怎樣高的評價都不會過分。尤其考慮到這是在「官本位」根深蒂固的土地上所發生的一幕，就更加值得敬佩。有了這一筆，孫中山就無疑在中國現當代史上佔有重要一席。

　　然而，就是這同一個孫中山，當辛亥革命的果實被竊國大盜袁世凱竊取之後，孫中山痛定思痛，在海外成立「中華革命黨」時，卻在黨章中加入這樣的條例：這次立黨「首以服從命令為唯一之要件。凡入黨各員，必自問甘願服從（孫）文一人，毫無疑慮而後可」。由此明確提出：要全體黨員服從黨魁的命令。《中華革命黨總章》第七條還明確規定：「凡進本黨者必須以犧牲一己之身命、自由、權利而圖革命之成功為條件，立約宣誓，永久遵守。」在孫中山親手擬訂的入黨誓約中有「願犧牲一己之生命自由權利，附從孫先生再舉革命」、「永守此約，至死不渝。如有二心，甘受極刑」這樣的誓詞，還要在上面加印右手中指指摸。（周宗奇原話說：「這就是個人要向政黨簽『賣身契』。」）

　　1921年底，孫中山在桂林會見了共產國際代表馬林，開始聯俄外交，向新生的蘇聯尋求幫助，逐步走上一條「聯俄聯共」的道路，並以蘇俄模式改組中國國民黨。在1924年1月20日召開的中國革命黨第一次全國代表大會上，他首次提出「以黨建國」、「以黨治國」、「黨在國上」。也正是在這次大會上，孫中山提出要將大元帥府變為國民黨政府，「現尚有一事可為我們模範，即俄國完全以黨治國，比英、美、法之政黨，握權更進一步；我們現在並無國可治，只可說以黨建國。待國建好，再去治他」。明確提出「應該先由黨造出一個國來」、「以黨建國」、「把黨放在國上」。

　　這就是後來蔣介石的黨國由來，蔣介石正是利用了孫中山的理論和他《國民政府建國大綱》中的三時期說，以國民黨訓政的名義實行一黨專政，把民國變成了黨國。

　　周宗奇在這裏用了一個詞：「偷天換日。」

　　高華在《紅太陽是這樣升起的》一書中，形象而深刻地描繪了這個「偷天換日」的詳盡過程。

　　從此，「東方紅，太陽升，中國出了個毛澤東。他為我們謀幸福，他是人民大救星。」公然與《國際歌》中的「從來就沒有什麼救世主，也不靠神仙皇帝」唱起了反調。

　　朱學勤有這樣一段話論述到「忠」、「孝」：

　　　　中國傳統的儒家學說將「忠」、「孝」等道德原則置於至高無上的地位，在「忠」、「孝」的至高性面前，人的生命是微不足道的，或者說人的生命應該為了至高無上的道德原則而犧牲。這個傳統觀念被現代中國所繼承了，不過它不再是「忠」和「孝」，而是「革命」。為革命而死、而犧牲，這恐怕是我們一直在倡導的一個「新倫理」。我們青年時候讀老三篇，其中有一篇就講「人固有一死」，並且引用司馬遷的話，說人的死可以重於泰山或輕於鴻毛，為革命而死就是重於泰山。還有一句教導叫：「一不怕苦，二不怕死」，這是我們年輕時候都記得很熟的。而我們今天正應該對這樣一些似乎不容置疑的前提性的倫理原則提出反省。猛一看，它有它的合理性，因為人畢竟不是動物，要追求人活著的意義和價值，犧牲（包括死亡在內）是免不了的，裴多菲的詩句：「生命誠可貴，愛情價更高，若為自由故，兩者皆可拋」是曾經傳誦一時的。但是問題在於把這種死亡、犧牲加以絕對化以後，「死」成了目的，「一不怕苦，二不怕死」最後成了「一怕不苦，二怕不死」，這就變成了荒謬。更重要的是，作為一種倫理原則（而且被宣佈為至高的

倫理），它在理論上有一個很大的問題：因為它把「忠」、「孝」、「革命」這些東西放在至高無上的地位以後，還要求一種整體性的思維，即為整體性的利益必須犧牲個人的，包括個人的生命。個人的生命沒有價值——它的背後其實隱藏著這樣一種觀念。

謝選駿在《秦人與楚魂的對話》一書中，說了這樣一段話：

> 人有尋求真理的稟性。「一個獻身給真理的人」——乃是對於一個可能存在的生命的最高評價之一。但什麼是「真理」呢？人如何獻身真理而又不陷於自相矛盾的窘態？
>
> 「獻身給真理」的觀念，似乎把真理偶像化了，而同時又給追求真理的活動帶上了一道祭祀的色彩，其結果是把哲學變成了一個祭壇。因此，這個觀念似乎使人回到了中世紀的神權意識，甚至回到了韓非以前的時代。因為早在法家那裏，「真理」作為一個本體已被消解了，變成了治世的工具。而善惡之性及懲罰原則，則成為治國烹鮮時的鏟刀。

支撐獻身精神的，往往離不開信仰的力量。

周宗奇在《三個紅色殉道者》一書中提出的問題，是陳景潤在「哥德巴哈猜想」中面所臨的「1+1」的世紀難題。

周宗奇的頭髮亂了

在抗日戰爭時期，面對民族危難，報界巨擘張元濟從《史記》、《左傳》、《戰國策》中擷取八篇故事，全部翻譯成白話文，並在每篇後面加以評點。八篇故事包括〈公孫杵臼程嬰〉、〈伍尚〉、〈子路〉、〈豫讓〉、〈聶政〉、〈荊軻〉、〈田橫〉、〈貫高〉等。商務印書館以《中華民族的人格》的小冊子推出。張元濟在〈編書的本意〉中指出：

> 我現在舉出這十幾位，並不是什麼演義彈詞裏妝點出來的，都是出在最有名的人人必讀的書本裏。他們的境遇不同、地位不同、舉動也不同，但是都能夠表現出一種至高無上的人格。有的是為盡職、有的是為知恥、有的是為報恩、有的是為復仇，歸根結果，都做到殺身成仁，孟夫子說是大丈夫，孔聖人說是志士仁人，一個個都毫無愧色。這些人都生在二千多年以前，可見得我中華民族本來的人格，是很高尚的。只要謹守著我們先民的榜樣、保全著我們固有的精神，我中華民族不怕沒有復興的一日！

孔子說：「志士仁人，無求生以害仁，有殺生以成仁。」孟子說：「富貴不能淫，貧賤不能移，威武不能屈，此之謂大丈夫。」，張元濟說這些「都是造成我中華民族的人格的名言」，無論如何的世變滄桑、紅塵如煙，這些人格底氣、做人準則都是不會隨著時間而化為灰燼的，而且會在新的時代裏獲得新的內涵，一次次地更生。一部二十五史從來都不乏「慨當以慷」的英雄、「風蕭

蕭兮易水寒」的志士，無論面對外敵入侵還是專制壓迫，我們並不是沒有拍案而起的憤怒，長歌當哭的生命情懷，以及血性的反抗，捨生取義、毅然決然的選擇。

在議論《三個紅色殉道者》的內涵時，周宗奇與我談到「英勇捐軀易，慷慨赴死難」。

周宗奇說：「憑一時的熱血衝動，或者在戰場上殺紅了眼，董存瑞的舉炸藥包、黃繼光的堵槍眼，在那種場合環境下，『捐軀』還是相對容易的。眼睛一眨，砍頭不過碗大疤。二十年後又是一條漢子。如果在臨刑前，有充裕的時間考慮，經過反覆利害權衡，三思之後，仍然能選擇『慷慨赴死』，則需要有堅定的信念支撐。對成為『犧牲品』、『殉道者』的擔憂和顧慮，往往消蝕著人的勇氣。甚至成為一種開脫、藉口。」

張元濟筆下那些弘揚民族人格的古代英雄們，或為保護主人的遺孤而獻身，或為親人朋友復仇而死，或為知己者而從容赴難，或為信、或為義、或為恥，總之，都是把自己的生命看做鴻毛，而毫不猶豫地獻給那個自己認定值得奉獻的他人，甚至連眼睛都不眨一下，這樣的人格風範固然慘烈、固然悲壯，固然也很雄渾、很過癮。在古老的農業文明背景下，毫無疑問，他們代表的就是古代人格的標高，是難以逾越的紀念碑。然而，當我們跨進近代的門檻之後，「謹守著我們先民的榜樣」是遠遠不夠的，如果把這些壯舉放在現代文明的天秤上，我們就會清晰地看到其中的問題。正如前面所述，其中所缺乏的，恰恰就是孜孜以求的獨立人格。撒播的是獅種，得到的卻是跳蚤，這不是悲劇又是什麼？班雅明在《德國悲劇的起源》中對希特勒上臺的反思、尼采在《悲劇的誕生》中對古希臘民主制度的拷問，都為我們的思索提供了精神的資源。

周宗奇的思考，在《三個紅色殉道者》的悲劇前止步了。

周宗奇的個性是一把沒有柄的鋒利寶劍。他的優勢在這裏，他的局限也在這裏。周宗奇筆下傾力讚歎的楊深秀，其為之獻身的宏大目標是「還政於皇上」。當楊深秀走進周宗奇對《三個紅色殉道者》的思考領域時，周宗奇本身的「精神困惑」和「內核矛盾」出現了。當我們把「九死而不悔」的忠勇壯烈，解構為愚昧的「紅色殉道」之時，悖論就出現了。於是，生存現實中就出現了「六億神洲盡舜堯」，而少了「燕趙慷慨悲壯之士」；就多了審時度勢、精於權衡得失的「智叟」，而少了一鍬一鏟挖山不止的「愚公」。

周宗奇走到了他「彼得定理」的極限。

然而，哲學從來就是提出問題。提出問題是解決問題的前提。

按照克爾愷郭爾的觀點：審美的存在方式，以浪漫的理想主義和思辯的理智主義為兩極標誌：浪漫的理想主義在情感的瞬間迷失了自我；而思辯的理智主義則在思想的時刻迷失了自我。兩極的迷失自我，看似水火不容，卻又殊途同歸，正是兩極的輪迴傾斜，構成了世界的荒謬性。

笛卡爾說：「我思故我在。」克雷洛夫卻說：「思想是產生迷失的根源。」

記不清是誰說的了：「一個人在年輕時沒有選擇左傾，他一定沒有心肝；一個人成年後仍然選擇左傾，他一定是沒有頭腦。」周宗奇的性格在選擇的思索中迷失了自我。

周宗奇的頭髮有點散亂了。（周宗奇請我「洗足」，我投桃報李，請他「美髮」。禮尚往來。一笑。）

莊子的「吾忘我」命題

　　莊子在〈齊物論〉的開篇中，提出一個「吾忘我」的命題。字義本身就頗有哲學的深度。指明了自我問題和認識真我的關係。「吾」是真我，「我」是涵攝邏輯我在內的想像我。「喪我」就是莊子認識真我的獨特方法。

　　從數千年前古希臘神廟門前提出的「認識你自己」，我們人類對自身的認識究竟邁進了幾步。我們滿目瘡痍的都是「迷失自我」的現象。

　　陳清春認為：莊子闡述的「吾忘我」，主要包括以下幾個步驟：「喪我」首先喪掉的是「天下」和「仁義」。因為它們是成心主動生成的意識內容，是在被動生成的基礎上建構的後啟意義。

　　其次「喪掉」的是「物」和「禮樂」。「物」是外觀形成的外在客觀現象，「禮樂」也是外在於主體的客觀存在。它們都屬於成心被動生成的意識內容，但又缺乏內在性。

　　第三階段「喪掉」的是「塵」，也就是由「形」和「知」組成的現象我。這不僅意味著喪掉成心的意識內容，而且意味著中止成心的一切活動。這是最關鍵、最難的一步，莊子稱之為「心齋」。

　　第四階段是「朝徹」和「見獨」，前三個階段是積漸過程，而「朝徹」是「一朝自通」的超頓過程。最後是「無古今」和「入於不死不生」。

　　透過莊子玄虛的外殼，莊子由「坐忘」達「道」的過程，就是「吾喪我」的過程。

「吾」是物自體意義的真我，與道是統一的，達道之人就是喪掉假我而呈現真我，回到真我之人。

莊子的話，對我們如何形成「獨立特行」的人格，大概不無啟迪作用吧。

這倒頗與弗洛依德對「本我」、「自我」、「超我」的論述有異曲同工之妙。

這些大概都是東西方哲人們對「回歸自我」的哲學思考。

孫隆基在《中國文化的深層結構》一書中指出，「人者，仁也」，從字源上說「仁」就是「二人」，在我們中國文化中，人只有在與他人的關係中才能找到自己的位置，所謂君臣、父子、夫婦、朋友等等都是如此。所以有高度發達的人際關係，將人生大量精力都消耗在處理人情世故的網路中。在這樣一個積澱沉厚的傳統文化格局中，「回歸自我」的旅程，自然是「路漫漫，其修遠兮」。

現在可以回過頭來給周宗奇一個階段性總結了：

周宗奇早期有部作品叫《戴上火紅的袖標》，把一個熱血青年對紅色的嚮往，寫得活靈活現，呼之欲出。「袖標」成為一個「箍」的象徵。晚期，周宗奇寫出《三個紅色殉道者》，對紅色予以了徹底批判和否定。從《戴上火紅的袖標》給自己套上緊箍咒，到《三個紅色殉道者》的解構、掙脫圈套，反映出的是周宗奇思想騰飛超越的身姿。「躍上蔥蘢四百旋」，達到了一定的境界高度。

周宗奇早期在《黃金心》中刻畫了「硬漢形象」、「英雄形象」，具有濃厚的一元獨尊文化的痕跡；1990年代初期，《陰陽魂》這樣的作品，寫出了人性中的「兩重人格」，一元霸權文化向二元對立衝撞文化轉變，但忽略過渡色的缺憾，影響了人物內心

世界的豐富性、複雜性；到近年，周宗奇寫的孔祥熙傳：《榮辱人生》，則把一個似乎已被歷史釘在恥辱柱上的人物，從神鬼世界降入凡塵，寫出一個生存現實中的有血有肉的形象。從《黃金心》到《陰陽魂》再到《榮辱人生》，我們看到周宗奇對人性的不斷探索拷問，同時由人及己，也看到周宗奇對自我認識不斷深化的軌跡。「敢向地心問世界」，取得了一定的認識深度。

　　然而，當周宗奇達到一定境界高度之時，「高處不勝寒」的淒涼感，會否使人產生「起舞弄清影，何似在人間」的命運回歸感？當周宗奇沿著「六百六十級臺階」開掘進一定的認識深度之時，面對地層下那些「生命標本」，會否讓人產生「用之，你就可發出生命的光熱；棄之，你只是一塊無緣補天的石頭」的命運荒誕感？

　　莊子的「吾喪我」辯證哲思，既讓人固守獨立特行的「吾」，又讓人喪失掉凡思俗念的「我」，引領人走進了「飛矢不動」的「芝諾悖論」。

　　也許人類思維，原本就是一道難解的「哥德巴哈猜想」。終其一生不懈努力、孜孜以求，恐怕也得不到一個結果。

附錄一
周宗奇自撰創作簡譜

1943年　一歲

　　農曆五月初九出生於古都西安市永寧門內,故有名曰周永寧,暱稱寧寧;又認劉姓二老做乾爸、乾媽,遂有名劉鎖;學名周宗祺,意在多得祖上祥瑞,不料適得其反,因著資本家兼地主的成分飽受政治牽累,一氣之下自作主張,改祺為奇,是福是禍,就周宗奇了。

　　祖父周龍章,字乘六,先為塾師,後當小官,在河東平陸、垣曲二縣宦海浮沉,清濁已不可考。四祖父周長新在西安經營錢莊,對我溺愛有加,呵護備至。

　　父親周仰山,譜名周望科,惜乎望科不果,遂去經商,最好時混成上海老鳳祥金店西安分號頭面人物之一。英年早逝,留下銀子不多、圖書不少。母親楊仙草,讀過女私塾,博聞強記,一肚子故事且講出來的語言極為豐富生動,九十三歲謝世時,尚一邊看電視一邊與人侃侃而談,無疾而終。

1949年　六歲

　　上南關小學,與同街照相館于老闆的小女于麗同桌,兩小無猜,形影不離。惜乎兩年後轉回老家山西省臨猗縣耽子鎮周家窯小學就讀,二人臨別之際,哭作一團。初二年級時曾作自由體長詩〈憶于麗〉一篇,雖未發表,或可視為處女之作。

1957年　十四歲

考入全省聞名的臨晉中學就讀，其前身是赫赫有名的蒲阪中學。轉年適逢「大躍進」、「放衛星」，我與同班女生郭竹便因「文名卓著」，奉命每人寫一部長篇小說，放「文學衛星」。遂成笑談。

1960年　十七歲

升入位於縣城的臨猗中學讀高中。諸科皆不落人後，尤以作文「笑傲江湖」，高考報志願時，非北大中文系不填。

1963年　十九歲

一路做著「北大夢」，卻因政審不合格而跌落山西省委黨校政治系（亦即山西大學政治系，一個實體兩個牌子），且是作為「試驗品」錄取，看這個學業優等而出身不好的年輕人可否教育成黨的人。

1964年　二十歲

一頭紮在學校圖書館。如果說高中以前多讀中國古典文學，那麼年來則多讀外國文學。惜乎好景不長，年底即派大學生下鄉搞「四清」。去的是洪洞縣白石公社北段大隊。洪洞有世界著名的廣勝寺，趁機遊之並寫有〈難忘廣勝寺〉。之後，又赴忻州東樓公社西樓大隊繼續搞「四清」至1966年「文化大革命」爆發，再未能走進大學課堂。學業荒廢，至為痛心！或曰社會也是大課堂，「世事洞明皆學問」，然而失脫系統學問，畢竟是終生憾事。

1968年 二十五歲

又說大學生要接受「解放軍再教育」，遂被送到天津市軍糧城山嶺子村附近之北京軍區防化兵4568部隊農場接受「再教育」，其實就是一邊種稻子一邊搞軍訓。奉命創作小話劇《一塊銀元》等用於「階級教育」的「革命文藝作品」。

1969年 二十六歲

珍寶島戰事起，學生連提前分配工作。奉派來到本省霍州礦務局辛置煤礦場就業。從此跌入人間最底層，驚悟若不拚命奮力掙扎，今生在此休矣！可憐一無門路，徒喚奈何，只好埋頭寫小說，在虛擬世界編織美夢。業餘時間一口氣寫出〈明天〉、〈新房〉、〈金鏈環〉、〈一把火〉、〈三遇楊堅〉等二十多篇中短篇小說。慨然曰：「人生啊，你對我總是陰沉著一副臉！嘻，我就怕你麼？賤骨頭未必就是軟骨頭！」

1971年 二十八歲

尚無一篇文學作品問世，兒子李彬（隨妻子李金玲姓）卻噴薄而出，「作品」很成功。

1972年 二十九歲

小說〈明天〉在《山西日報》發表。當時連署者還有安永全和郭一奇。安永全是在煤礦場上新結識的文友，初稿即由他過目斧正。郭一奇者，則是我大學同班好友，多用過他的飯票充饑，也穿過他的褲、鞋換季，窮急時，十五塊錢當掉棉被，他一個人為我默默流淚……

1973年　三十歲

發表短篇小說〈備課〉。

1974年　三十一歲

短篇小說〈第一個師傅〉（即〈金鏈環〉）在《光明日報》
發表。

在省人民出版社召開的東陽筆會（當時叫「短篇小說學習班」）
上結識張石山、李銳等人，此後有緣成為同事且結成一生文友。

中篇小說〈一把火〉在《解放軍文藝》發表，很快翻譯到英、
法、日等國，還改編成蘇州評彈、連環畫等多種文藝形式。

發表短篇小說〈新房〉。

借著文運初通，女兒周薇問世，一展嬰姿。

1975年　三十二歲

馬烽、西戎、胡正三位先生南下臨汾辦事，透過鄭懷禮先生
通知我去見面。不久調入山西省作家協會（當時叫山西省文藝工作
室），在《山西文學》雜誌社（當時叫《汾水》編輯部）任小說編
輯。後來，隨孫謙先生深入全省各大煤礦場採訪，擬創作一部電影
劇本。

其間寫出兩個中篇小說〈春濤〉、〈不能離開戰壕〉。

發表短篇小說〈智殲〉。

1977年　三十四歲

發表短篇小說〈搬家〉、〈戴上火紅的袖標〉。袖標火紅，卻
與「文革」無關，寫一次礦山探險活動中的人物故事。

1978年　三十五歲

發表短篇小說〈喜雨〉、〈宋礦長之死〉、〈老馮和老吳〉。

1979年　三十六歲

發表短篇小說〈新麥〉，獲《汾水》短篇小說一等獎。但有山西、河南等省多位縣委書記對號入座，上告中央組織部等部門，認為作品詆毀了他們的「豐功偉績」，個別人積怨至今。

發表中篇紀實文學〈繼母的故事〉。

1980年　三十七歲

發表短篇小說〈母親，您為什麼要走〉、〈老幹事吳誠〉、〈難產〉。

〈老幹事吳誠〉由《小說選刊》轉載。

1981年　三十八歲

發表短篇小說〈等〉。

1982年　三十九歲

發表短篇小說〈母親，您為什麼不走〉、〈咱那錢頭兒〉。

發表短篇紀實文學〈無名的女皇〉。

發表文論〈談談感情的改造〉。

發表中篇紀實文學〈天藍〉。

1983年　四十歲

發表短篇小說〈黃金心〉，同年《小說月報》選載，改編成電視劇《金銀灣》，獲中國作家協會和煤炭部合辦之「烏金獎」小說獎。

山西人民出版社出版第一部中短篇小說集《無聲的細流》。胡正先生作序。

1984年　四十一歲

發表中篇小說〈清涼的沙水河〉，同年《作品與爭鳴》選載，獲「趙樹理文學獎」，由日本學者小林榮翻譯到日本。

北方文藝出版社出版長篇歷史小說《風塵烈女》。此著以蔡鍔將軍與小鳳仙之「松鳳緣」為創作依據。

發表短篇小說〈夜客〉、〈空中飛人〉。

1985年　四十二歲

發表紀實文學〈一位青年縣長的六封信〉、〈拴轤泉的故事〉、〈趙一進行曲〉。

1986年　四十三歲

發表中篇小說〈假語村言〉。改編成電影劇本。

發表文論〈追求思想解放，追求創作個性〉。

發表紀實文學〈一顆飛離軌道的星〉、〈秀水河紀行〉。

1987年　四十四歲

發表短篇小說〈晨霧〉、〈今之女〉、〈國產機器人〉。

發表短篇紀實文學〈後河印象〉、〈一封長長的信〉、〈談順兒〉。

1988年　四十五歲

發表短篇小說〈鼠審〉、〈美之夢〉。

發表短篇紀實文學〈呂雨山和他的四大絕活〉。

發表美術評論〈我聽長江〉，〈名作欣賞〉和香港《當代藝術報》轉載，前者改題為〈我讀馮長江〉。

1989年　四十六歲

發表短篇紀實文學〈不老柏傳奇〉。

爭取民主的學生運動被罪為「動亂」，滿腔義憤難平，遂有一些「政治創作」，比如與李國濤、成一、李銳、蔣韻、周山湖六人在《山西日報》發表譴責政府、支持學運的聲明；比如自己一人公開貼出抗議鎮壓的「五點聲明」等。

1990年　四十七歲

因參與「六四事件」招致嚴厲制裁。此情定可成追憶，故為作紀念，自撰新年春聯，上聯：世界空間大，多聚友少聚財；下聯：生活哲理深，寧丟官不丟人；橫批：周宗奇說。

發表短篇紀實文學〈低谷曲線〉。

發表中篇紀實文學〈他在青年時代〉。

發表散文〈獨行草〉、〈覆載之道常新〉。

1991年　四十八歲

發表中篇歷史紀實文學〈曾呂悲歌〉。

發表隨筆〈東坡雜說八篇〉。

1992年　四十九歲

發表中篇歷史紀實文學〈澹歸和尚〉。

發表散文〈跟孫謙老師下煤礦〉、〈劉胡蘭隨想曲〉、〈癡心果〉。

發表文論〈文學良心‧蝴蝶‧蜜蜂〉。

1993年　五十歲

發表短篇歷史紀實文學〈金聖歎之歌〉、〈避諱〉、〈血染萬年書〉、〈雲氏草〉。

發表中篇歷史紀實文學〈古月劫〉，同年《中篇小說選刊》選載。

發表隨筆〈李林甫發牢騷〉、〈且觀一場圖書大戰〉。

為大型電視專題片《內陸九三》撰寫電視劇本《接姑姑》、《女兒經》、《人神之間》、《廚房謠》。

1994年　五十一歲

發表中篇歷史紀實文學〈血光之災〉、〈風雨兩昆侖〉。

發表散文〈母親屋〉、〈苦驛〉。〈母親屋〉收在門巋教授主編之《母恩難忘》。

發表隨筆〈閒侃古代賣官〉、〈閒侃古代廷杖〉、〈閒侃曹操〉。

《清代文字獄紀實》三卷本由北京友誼出版公司出版，黃裳先生和何西來先生作序。此著出版頗多周折，北京至少五家出版社先喜後棄，皆因「避席畏聞文字獄」，或要撤去若干篇章，或要砍掉「敏感字句」。唯有友誼出版公司劉大平女士頗具勇者風範，說：「我一個字不動，給我們吧！」永誌感佩！

連載中篇歷史紀實文學〈陰陽魂〉。

完成長篇文論〈中國文字獄漫談〉。

1995年　五十二歲

發表書評〈品《晉泉之韻》〉。

女兒周薇以外語系學生身分發表散文〈歸心〉，後又發表散文〈變性人馬努艾拉〉、〈情人〉等。

發表散文〈致張平〉、〈初到礦山的時候〉。

完成電影劇本《最小的法官》。

北京出版社出版長篇紀實文學《我與汾酒》。

1996年　五十三歲

發表文論〈不滅的是精神〉。

發表散文〈夢遊青龍寨〉。

序《周氏族譜》。

1997年　五十四歲

發表散文〈「九品官」修村志〉。

兒子李彬以工科博士生身分發表中篇小說〈潰退〉，同年《中華文學選刊》選載。又寫成中篇小說〈或非〉、短篇小說〈臉面〉，後收於廣東人民出版社出版之《指間的飛翔》一書。同年又發表散文〈註定忘卻的記憶〉。

1998年　五十五歲

發表文論〈哭泣的金牌〉。

發表散文〈生命之歌〉。

發表畫論〈離開父母怎麼辦〉。

中國青年出版社推出《清代文字獄紀實》精華本《血光之災》。

1999年　五十六歲

編纂大型文化工具書《中華現代家譜實用手冊》並獲取國家專利。

發表散文〈苦命媽媽〉、〈致流浪作家〉。

發表隨筆〈渴望冷凍〉、〈想念雪花〉、〈漂流瓶〉、〈缺孤獨〉。

2000年　五十七歲

長篇紀實文學《榮辱之間》由花城出版社出版。此書之出版一波三折，說來是黑色幽默也。

2001年　五十八歲

完成三十集電視劇本《洪武天怒》分集提綱並前十集劇本初稿。

完成二十四集木偶電視劇本《新編二十四孝》分集提綱並寫出前五集劇本初稿。

2002年　五十九歲

發表散文〈閒侃做官不做官〉。

長篇紀實文學《父子人生》由北京學苑出版社出版。

完成長篇紀實文學《南風索引》，其中十多萬字由山西人民出版社編入《長風歌》一書。

發表劇評〈觀摩〔真情〕雜記〉。

發表書評〈一本用生命寫成的書〉。

2003年　六十歲

發表書評〈為官為文兩不易〉。

發表隨筆〈嵇康三題〉。

完成〈王實味年譜簡編〉。

2004年　六十一歲

主編大型文化叢書《中國與山西》，由大眾文藝出版社出版。

發表書評〈活生生拉起一條河〉。

發表隨筆〈春聯自解〉。

發表中篇紀實文學〈王實味之妻——劉瑩的非凡人生〉。

發表散文〈馬烽先生的文人氣〉、〈超越死亡〉、〈致趙正雄〉。

長篇傳記文學《櫟樹年輪》由大眾文藝出版社出版。它是「馬烽研究叢書」之一種，該叢書與楊占平先生共同主編。

發表中篇紀實文學〈紫金山下〉。

2005年　六十二歲

發表散文〈母親的連鍋面〉。

發表中篇歷史紀實文學〈商鞅量〉。

長篇紀實文學《三個紅色殉道者》由美國溪流出版社出版。作者殊覺奇怪的是，此前該書全文已在大陸各大報刊連載過，不但未見「消極影響」，而且廣受關注，讀者來信讚譽和打問成書日期的信函、電郵不下上百封，然而一涉及出書，多家出版社皆曰「再緩緩，再緩緩」，緩到無期也。

發表畫論〈一個通靈的回歸夢〉。

序馮建國《走遍河東》。

完成四十集電視劇本《君臣父子兄弟》分集提綱。

孤旅赴青藏高原採訪一個月，為寫作長篇紀實文學《藏道三疊》做野外考察。

2006年　六十三歲

應好友安永全之約，赴運城參與編輯出版大型文化叢書《河東文化叢書》，任常務總編輯。叢書第一輯由中國作家出版社出版。

序張呈祥先生書法集。

與張石山合作完成四十集電視劇本《大明銀城》分集提綱。

完成一百集電視劇本《大明十七帝》分集提綱。

序張志德《新官場現形記》。

序王美玉《我和親人》。

2007年　六十四歲

7月5日，家庭發生重大事件：孫子知麥在上海出生，遂成三代七口之家也。兒媳范軍利因此創辦家庭電子月刊——麥子專刊，上網發行。

發表散文〈是官非官真吾友〉。

發表文論〈這一個背後的這一個〉。

長篇紀實文學《守望潞鹽》由作家出版社出版。

與姚寶瑄合作完成四十集電視劇本《皇城相府》初稿。

序柳瑋《心一詩草》。

發表中篇紀實文學〈綠色突圍紀略〉。

麥子滿月時，全家齊聚上海慶賀，女兒和羅馬女婿里克遠道趕回，天倫之樂也融融。

2008年　六十五歲

老妻李金玲創作激情大發，新作〈那年的六一兒童節〉一經《麥子專刊》披露，轟動家庭親友文壇。

發表書評〈哥們再往前走〉、〈呼喚親情創作〉。

序崔鐵牛《崔鐵牛自存文集》。

序王美玉《情韻》。

序張煒《往事悠悠》。

序《當代河東孝子》。

發表散文〈神頭一夜不忘君〉、〈你有綠色心靈嗎〉、〈與麥子聊天四篇〉。

為寫作長篇傳記文學《林鵬草》作案頭工作，並赴北京、天津、河北保定、易縣等地採訪。

完成三十集電視劇本《命也運也》大綱。

為寫作長篇紀實文學《中國寺廟文化》作案頭工作。

自覺為六十歲年紀、四十歲心態、三十歲行動能力，麥子般好奇心，或可再寫作二十年？倘然能最後完成十卷本《中國文字獄紀實》並親見其出版，一生創作成果達千萬方塊字，此生足矣！

周宗奇2008年10月25日於學灑脫齋

附錄二
周宗奇關於《清代文字獄紀實》的部分通信摘錄

按語：拙著《中國文字獄紀實》第一部《清代文字獄紀實》出版後，尤其今年初在《中華讀書報》的「最近我讀什麼書？」欄目披露之後，在文史學界、文學評論界和廣大讀者中產生了較強烈的反響。作者陸續收到數以百計的讀者來信和來電，或全面評論，或點評一二，或發感慨，或表謝意，或指不足，或提建議……令人為之由衷感動。今摘抄其有各種代表性的信函要點如下：

景克寧

（民國名人景梅九先生之孫、中華教育藝術研究會副理事長、《教育藝術》雜誌社編委主任、哲學教授、「六四」期間河東學界名人走上街頭第一人）

其一：「宗奇同志：接獲大作，喜慰之情莫可言喻。雖未細讀，仍摩挲翻閱，難以釋手。巨書三冊，洋洋大觀，大斧利刃解剖了封建統治對士人的酷虐迫害，驚心動魄，其警世的價值自當載諸史冊，功莫大焉！胸中存浩氣，筆底生雄風，壯哉斯作！」

其二：「尊稿已細閱。文字獄在中國，歷來為禁區，至今亦係地獄之門。敢於涉足者，非大智者莫能屬，非大勇者不敢為。惟罪案存焉，無可泯滅，惜乎淹沒於浩繁史冊，千古冤魂飲恨地下。今得君椽筆鉤沉，文字獄案昭然在目，其慘烈、其嚴酷、其荒誕，浸

透血淚，世界罕有，讀之驚心動魄，思之義憤填膺！此者無疑為中國知識份子愁史之最。今君成書，既有助於對歷代統治者的罪惡達到實質之識，又為知識份子立下千古碑文，震聾發聵，功莫大焉！如是題材，原本既需文學色彩，重彩濃墨，潑灑渲染，又需春秋筆法，鞭辟入裏，口誅筆伐。然則，歷史陰影未消，封建幽靈猶存，渲染文學色彩，必至泄感情於筆端；文字評議，又必昭彰作者之愛惡，此道顯然不通。今以實錄記之，撰為長史，形式不見聲色而聲色俱存，雖無誅伐之論而鞭撻自在，褒貶寓於案例，春秋隱於其間，天人共知，心通古今，是為韜晦之筆。非不為也，不能為也。我深解其意並贊同之。」

魏煌

（河北省邯鄲市馬頭發電廠生產技術科高級工程師）

「周宗奇先生：您的大作《清代文字獄紀實》，應該成為傳世的不朽之著作，因為凡是認真讀了，並且用心思考之後就會明白中國近二、三百年之所以落後、愚昧的原因。十七、十八、十九世紀，正是歐美各國在人文、科技、工業上大突破大發展的時期，然而中國當時的統治者對此全然不知，只知道鎮壓老百姓，以屠殺有思想的知識份子為能事。由此看來，《清代文字獄紀實》確實應成為警世之作。」

何西來

（中國社會科學院文學研究所原副所長、研究員、著名文學評論家）

「宗奇兄如晤：記得當時我曾在文章中感慨過，『五四』以後雖然出過陸侃如、馮沅君的《詩史》，卻沒有出過《詩禍史》，而

後者如果不說是一定比前者重要，至少也是它的必要補充。文學史不能少了這一塊。你現在作的，正是文學史上少的這一塊，而且以紀實文學的筆墨臨之。從我去年讀過的你的那篇洋洋灑灑的〈獨行草〉來看，你有足夠的能力駕馭文字獄題材。我想可以期望尊著的成功乃至轟動的。」

周兆勤

（關係至親的堂叔、陝西省委黨校科技教研室教授）

「您的文字獄紀實是應該在文化史上佔有一席之地的不朽作品。文字獄是中國土生土長的特產，在世界上可能別無分店。產生文字獄的社會歷史根源，是中國漫長的封建專制主義社會。文字獄事件包括三層人：首先是『唯我獨尊』慣了的皇帝老兒，只想聽好的，不想聽壞話；第二層人，中國傳統的知識份子總喜歡憂國憂民，他雙手又無縛雞之力，不敢大聲疾呼『王侯將相寧有種乎？』只能嘟嘟囔囔幾句；第三層人，是那些兩足禽獸，借著臺階向上爬者。雖然滿清王朝早已滅亡了，但是中國的末代皇帝還一個接一個完不了。因此，文字獄這個中國特色的小玩意兒，時不時還要出來興風作浪。因此，您寫文字獄紀實這部著作，既有現實意義，也有歷史意義。……從文學的角度寫文字獄，從科學的角度研究文字獄，從文化史的角度來記載文字獄，只有這樣才能把中國的末代皇帝徹底挖根斷種！」

叢維熙

（原中國作家出版社社長、著名作家）

「宗奇：信遲覆了，請諒。我覺得你的工作很有意義，但也十分艱鉅。首先，你在經濟大潮的衝擊中，要恪守文人之清貧，因

為文學大工程是需要時間上、精神上的全部投入。……我感到這（指拙著的現當代部分）是比中國古代文字獄更難落墨的一部大書。……你有一個恢宏的創作構想，我深表敬佩，並願提供我知道的材料。文字獄紀實會是一聲絕響。」

孫謙

（廈門大學外文系法國語文教研室教授）

「周宗奇先生：您好。記得魯迅先生在一篇雜文裏曾經說過，中國的文字獄是個很值得研究的題目（大意如此）。不想最近竟在一家小書屋覓得您的力作《清代文字獄紀實》一書，喜悅之情難以言表。可以說我是一口氣把它讀完的。就像看完任何一部好書那樣，好奇之心遠沒有得到滿足。這大概是所有傑作和大手筆的絕活吧？它既是一部精采的文學作品，更是一部鑒往知來的歷史教科書。它給人無窮的感慨和回味。民主與法制的口號已經喊了十多年了，然至今收效甚微，用收效兩個字已經是過甚其詞了。乾隆下江南的故事早已搬上了舞臺和銀幕，給億萬百姓留下深刻的、然而卻是刻意美化了的形象！是歪曲了的歷史畫面，儘管是無意的或愚蠢的歪曲。《揭密》（即《清代文字獄揭密》，是《清代文字獄紀實》第二次印刷時的改名，內文完全一樣）的問世似乎是太晚了。但從作者的後記裏看，它的姍姍來遲又和時代背景有關，這也就無可奈何了。

《揭密》是一部雅俗共賞的、填補空白的好書。作為一個讀者，我希望它能得到普及，尤其在青少年中。」

謝永旺

（原《文藝報》主編、著名文學評論家）

「宗奇兄：……在海南，聽小蕙女士說起您的新作（指《清代文字獄紀實》）的內容，有些驚訝。待到我們說起經歷，才知是『同病』的朋友，心裏親近起來；還不禁想到您的新作必定寄寓著深情。前幾天，同何西來兄通話，知道我們同遊天涯，並對您的作品做了熱誠的評價。原來您要寫的是三部曲，一直寫到今朝，不禁更為理解和增加敬意了。在文學上，您作的是開拓者的工作，以形象的紀實，生動地深入揭示歷史的黑暗之獄，可見不正的心和術，亦可見耿直的靈魂。我們的傳統中可供開掘的東西實在太多了。……」

黃裳

（著名老歷史學家、文學家）

「宗奇同志：賜信收到，附來之件也讀過，覺得寫得甚好，通俗易懂而能不失原意，甚難得也。……文字獄大體上有這樣兩部分，一是因文字開罪了統治者，也就是所謂大逆不道者，在所有獄案中，要占最大多數；其次，是以思想罪殺人，這一部分比重較小而意義甚大。兩者之間應有所區分，而後者更能看出統治者的意圖，封建教條在這裏成為殺人的武器，其意義是更深刻的。」

「知道您還將繼續寫兩卷，雖然難度更大些，但從已成的三卷來看，您是必定能寫出並寫得好的。照例愈近當代，避忌也將更多……匆此致謝，並申敬佩之忱！即請著安。」

吳祖心

（中國民主促進會中央委員會《民主》雜誌社副主編）

「宗奇同志：您撰寫的關於中國古代文字獄之大作，我以為，從中華文化大視角看，意義非同尋常。您信中的諸多觀點我是贊同的。您這三大卷工程浩繁……

功德無量矣！」

1998年3月18日　周宗奇於太原「學灑脫齋」

後記

　　周宗奇的人生傳記，如若用一句話概括，可以說是：馬烽「伯樂相馬」的寓言故事，演變為「白馬非馬」的哲學命題。

　　以馬來寓意中國作家的生存狀況，是富有象徵意味的。

　　著名文藝理論家、批評家唐達成寫過一篇散文〈棗紅馬飛飛〉，我想不妨把此文看作一篇象徵主義的作品：

　　　　棗紅馬飛飛，是遠近馳名的好馬，自從主人擁有了飛飛，簡直得意非凡。牠身材瘦勁、四腿修長、眼如丹鳳，蹄似銅錘，而且力大耐勞。主人用牠來運輸，不僅多裝二、三百斤貨，還能比別的馬更快地到達目的地。為此，主人可發了大財，對棗紅馬更是另眼相待，黑豆啦、麥麩啦，甚至小米啦，他都捨得朝馬槽裏倒。

　　　　遇見別的馬主，飛飛的主人就不禁要眉飛色舞地吹噓一通了：「嘖嘖，你們看看我這匹飛飛，哪裏是匹馬呦，簡直是賽『奔馳』了，你們那些馬站在飛飛面前還叫馬嗎？飛飛的勁，就是叫牠拉一座山，牠也能給你拉走；叫牠跑，你騎在牠上面就像坐上了飛機，飛啊飛，那個美！再說你看牠有多聽話呦，叫牠東，牠就東，叫牠西，牠就西；叫牠站住，牠就站住，叫牠走，牠就走。拉多沉的負載，牠也不待含糊，提腿就衝，唉唉，寶馬呀，寶馬呀！」

　　　　其他的馬主，聽他這一番吹噓和描寫，無不羞慚萬分，那些在旁邊聽著的馬更是羞愧垂地了，覺得還不如地上裂開個縫鑽進去呢。

　　只有飛飛，每當這種時候，就感到悲從中來，只有牠自己知道，牠的這些「優點」，是付出了多少痛苦和眼淚才換來的呦。記得牠還是頭小馬駒的時候，牠是多麼桀驁不馴、多麼任性歡躍，又是多麼自由自在呵。自從落到這個主人手中，挨了多少皮鞭的抽打、挨了多少拳頭和呵叱，背上又留下過多少血痕、多少難忍的侮辱，刺耳的咒罵傾瀉在牠頭上……於是，牠帶血帶淚地擁有了那麼多「優點」。

　　夜晚，在馬廄裏和夥伴拴在一起的時候，牠常常不免唉聲歎氣，想到傷情處，忍不住涕淚橫流。其他的馬匹，見到這種情景，覺得非常奇怪：「老弟，你還有什麼可抱怨的，你的主人多麼誇耀你、多麼優寵你，你看看你槽裏吃的是什麼料！我們吃的是什麼料？你還有什麼不滿足的喲。你看你的主人，一夜就要起來三次，又怕你凍著、又怕你餓著，就差用玻璃罩把你罩住了。唉，老弟，知足罷，馬心不足蛇吞象，看看我們，你就知道你是享受著特等待遇了！」

　　棗紅馬飛飛聽著耳邊這些七嘴八舌的議論，默然了。牠只覺得自己是那麼孤獨、那麼寂寞、那麼憂傷。牠眨了眨美麗的丹鳳眼，讓一顆顆大大的淚珠跌落在乾草上。然後抬起頭看著幽邃浩渺的夜空，似乎只有遠處閃耀著的星星，給了牠一絲慰藉。日復一日，年復一年，棗紅馬飛飛拉著沉重的負載，穿過山谷、越過草地、涉過溪流，一步一步地走向循環、反覆的目的地。牠似乎漸漸麻木了，只是走到廣闊無垠的草原上，嗅到撲面而來、令牠陶醉的鮮草香氣時，牠的心就又騷動起來了。牠想站住，把頭埋到那厚厚的青草中，盡情享受一下這醉人的氣息。忽然，一聲呼嘯，「啪！」主人

的鞭子已經重重地抽到背上，一陣鑽心的疼痛，讓牠渾身都震顫了。於是，牠又聽到那熟悉的呵斥聲：「畜生，別站下，快拉！」接著主人又揮舞著，在空中打了一個響鞭。

棗紅馬飛飛邁開步子又往前拉了。但是，這次牠心裏的騷動更激烈了，血管中的血彷彿不安地流動得更快了。這樣一股湧動，來得是這樣強烈、這樣狂野、這樣激蕩，耳邊似乎又聽到了主人的呵斥聲，但是這些聲音彷彿只是刺激牠的興奮劑。剎那間，牠的心彷彿開了閘，血全部湧到了牠頭上。飛飛猛然仰起頭，朝天空長嘯了一聲，直立了起來。然後，四蹄生風似地朝無邊無際的草原上狂奔起來，牠跑得這樣狂歡，這樣粗野、這樣肆無忌憚，像一枝利箭、像一顆子彈，像騰空而起的火箭，於是，那些負載被甩到四面八方，牠的主人被彈跳到了半空，又重重地跌落下來，那大車被土堆撞得散了架，七零八落地扔在身後。最後，連那轅木也離它而去，飛飛渾身上下覺得從來沒有的輕快、舒展……

飛飛像一團火，飛快地在草原上閃電般滾動，那紅紅的鬃毛在風的吹動下飛揚起來，如同一股一股火苗。

飛飛挺起了高高的胸脯，四蹄如同擊起了雷鳴的鼓點。風在耳邊呼呼地勁吹，草浪波濤般朝後倒下，天際的白雲輕霧般閃過頭頂，藍天伸開浩瀚寬大的巨袍，迎著甩脫一切羈絆的飛飛撲來。棗紅馬飛飛心花怒放，無拘無束、盡情盡意，放浪形骸地在曾經生養於斯的大草原上奔馳。飛飛向著天際、向著草原深處、向著無邊無際的宇宙，忘情地飛去。

不知有多遠、不知有多深、不知有多快，飛飛大汗淋漓，舒展了自己全部生命的羽翼，為牠的同類展示了一場無與倫比的、撼天動地的命運之戰。

在草原的盡頭，棗紅馬飛飛仰首長嘶一聲，那嘶鳴是快樂的、豪放的、果敢的，然後突然倒下了。飛飛的主人跌跌撞撞地找來，嘴裏叫著：「飛飛瘋了，飛飛瘋了。」但是，當他找到棗紅馬飛飛時，他驚異地發現，棗紅馬是安然倒下的，牠的臉上仍然留著美麗的、光輝的微笑。

你們見過百年難遇的駿馬的微笑嗎？

唐達成說：「馬的形象好啊。你看，人類一提到對人的服務意識，首先肯定的是『做牛做馬』。馬有千里致遠之能，牛有萬斤負重之力。馬和牛，是人類讚美的形象。而貓，人類認為太乖巧刁滑、太勢利眼，美國大劇作家田納威廉斯就寫過一個劇本：《熱鐵皮屋頂上的貓》。而驢大概也不太討人類喜歡，要不一說到一個人不馴服、不順從，就會用一句『毛驢脾氣』。」

唐達成讚美過羅丹那尊著名的「人首馬身」雕塑。唐達成感歎地說：「羅丹真不愧為藝術大師，他把雕像塑造成頭顱已掙脫為人，而被奴役、被駕馭的馬身子還沒變過來，這其中難道沒蘊含著藝術大師的深刻寓意嗎？」

唐達成在〈訪蘇筆記〉中記錄下這樣一段話：

當馬雅可夫斯基聲望每況愈下的時候，史達林的干預「挽救」了他。史達林肯定了他作為官方第一詩人的地位，並塑造了他的雕像。蘇聯人說，俄羅斯諺語云：「愛是勉強不了的。」雕像立在那裏，但是沒有愛，也不理解。後人

以為是一個無名騎士的銅像或看作普希金的作品《青銅騎士》。他騎上馬幹什麼？為了顯示威武高大嗎？其實，他早從馬上摔了下來，只剩下蹶起的馬蹄子，讓人絆跟頭。

唐達成在下面批註了一句：「馬雅可夫斯基的第二次死亡。」

馬在唐達成的思維中，「白馬非馬」，已經昇華為一種形而上的意象。

無獨有偶：福克納總以《卡爾卡索納》作為他小說集的結尾。作為福克納這樣的文學巨匠，絕不可能是信手拈來、隨意為之。這是為什麼？這是一個什麼樣的終結？他必然有著別具匠心的寓意。

《卡爾卡索納》名為小說，卻沒有故事，甚至連情節也沒有。只是一個窮困潦倒的詩人與他自己骷髏之間的對話。詩人讓自己的想像力任意馳騁：他想像自己騎上一匹「眼睛像藍色的閃電、棕毛像飛舞的火焰」的駿馬，「衝向山頂，然後騰空而起，奔向高空」，「風馳電掣般地躍上天堂裏藍色的山峰」。……

一個西方的作家、一個東方的評論家，都不約而同地把注視的目光投在了「馬」身上，我們從中解讀出什麼樣的象徵意味呢？

馬烽無疑可以稱之為唐達成筆下描繪的那匹「好馬」。周宗奇在他撰寫的《馬烽傳》中，這樣詮釋馬烽的「黨性」：

> 他們還有一個共同點：做中國共產黨員比當中國作家的歷史要長許多。在他們還遠遠沒有懂得「作家良心」為何物時，「黨性」卻早已成為他們的最高精神追求。
>
> 他們的「黨性」形成於可塑性最強的少年時代，又在一個遠離家庭、遠離社會的相對封閉的特殊環境中，不斷得到革命思想的灌輸並真心真意接受了它，其純潔性和堅定性是

終生再難更易的。比如馬烽先生，自從「我把入黨申請書交給老唐之後，好像把心也交給他了。」也就是交给黨了！我要「為共產主義奮鬥終生！」「從此感到生活更有意義了，也感到無尚光榮。」我按時「繳納黨費、彙報思想情況」，「吃苦在前，享受在後」……而且所有這一切，「並不是在自我表現」！

馬烽先生確實不是一個善於自我表現的人。可他一生由於黨性太強，經常有著不同一般的特殊表現，並為此承載著相應的讚譽與貶毀、欣喜與痛苦、成功與尷尬、走紅與落寞……

馬烽夫人段杏綿說過這樣一段話：「馬烽這個人有個特點，不管他自己再不願意的事情，只要一說，組織上已經做出決定，他就沒轍了，他就是自己受天大的委曲，也要服從組織紀律。」

段杏綿還說過這樣一番話：「馬烽一生就是不說不利於黨的話、不辦不利於黨的事，即便當時想不通，也得服從黨，無條件做黨的工具。」

馬烽作為繼趙樹理之後的「山藥蛋派」領軍人物，作為繼唐達成之後的中國作家協會黨組書記，在共和國文學中，一直扮演了「領頭馬」的角色。我在《馬烽無「刺」——回眸中國文壇的一個視角》一書中，描述了馬烽在「萬馬齊喑究可哀」的中國文壇，「一馬當先」、「老馬識途」，沿著毛澤東〈在延安文藝座談會上的講話〉精神指引的道路，亦步亦趨、心無旁騖地一條道兒跑到了黑。（當然這只是表象，實際上內心也充滿著劇烈的矛盾和衝突）這一切，很容易讓人聯想起哈耶克的那部名著：《通往奴役之路》。

　　周宗奇，是馬烽晚年在經歷了命運的滄桑沉浮之後，「伯樂相馬」相中的接班人。然而這個「眾裏尋他千百度」選中的接班人，演奏出的「接班人之歌」，卻如同巴哈那首充滿詭譎與悖論的「無限升高的卡農」。

　　2008年奧運會在北京舉行，周宗奇在看過香港的馬術比賽後，對我說了這樣一番話：「你看了在香港進行的『宮廷舞步』比賽嗎？真是令人難以相信。一匹馬竟能按照主子發出的指令，走出那麼規範劃一的步伐，而且是完全違反馬的天然習性。主持人說出了其中的奧秘：『這些參加比賽的馬，都是閹割了的，這樣牠才會馴順地按主人的要求，讓牠怎麼走牠就怎麼走。』」

　　說著，周宗奇發出了一陣嘲笑。

　　我說：「共產黨就是最為成功的馴馬人。早在八十年代初，我看過張賢亮的《牧馬人》後就有一種感慨，那是描述了原本桀驁不馴、有獨立人格的一代知識份子的馴化過程。」

　　尼采在二十世紀初宣告：「上帝死了」。這是一種信仰的崩塌、信仰的危機。如今到了二十一世紀初，又提出一個尖銳的問題：「知識份子死了」，這是批判精神的喪失。不少人認為，上個世紀後五十年，知識份子陣營出現了潰敗之勢。這不僅表現在政治、文化立場上的缺席，而且流行道德上的犬儒主義。「二十年間世三變，幾人能不化鶉蛙？」在此席捲裏挾而去的大潮流中，周宗奇能挾潮而特立獨行，最終扮演了一個「白馬非馬」的角色。

　　周宗奇當然為此付出了代價：與那些贏得鮮花與掌聲的當紅作家相比，他的寫作經歷著一個「霧重飛難進，風多響易沉」、「寂寞開無主」、「弦斷有誰聽」的艱難曲折的過程。現當代流行成功

學：從政，官做得越大越成功；經商，錢賺得越多越成功；寫作，越能贏得當權者的喝采越成功……周宗奇似乎成為一個失敗者。

我正是從這一視角上，看到了周宗奇身上的典型意義。

撰寫人物傳記，似乎已形成一個固定模式，經常聽到這樣的指教：「你所選擇的傳主，規格不夠高、格局不夠大。」

我們已經習慣了那種大人物大事件的「宏大敘事」，崇尚「春秋筆法」，認為芸芸眾生的生存狀況何足掛齒。這一正統主流史學觀，早就引起胡適的質疑。他在1930年寫的〈上海小志序〉中說：「賢者識其大者，不賢者識其小者」，提出「大」與「小」的歷史辯證關係。隨著時代的變遷，那些朝代的興替、君主的廢立、革命的道義等等，都在我們的眼中小化，而《史記》中偶然提到的一筆「奴婢與牛馬同欄」或「躡利屣」，這些閒筆卻引起我們極大的興趣。管中窺豹，從中我們瞭解到諸如漢代奴隸如何生活、婦女纏足由何而起等有關一個時代生存狀況的問題。這種有關人類生命進程、一個時代的文明性質的問題，才是人類文化史上有重大意義的史料。這可否算是「小中見大」的另一層含義？

別林斯基在評述到巴爾札克《歐也妮·葛朗台》中，歐也妮為了給她表哥咖啡中加一小勺糖所經歷的心理鬥爭時說：「歐也妮此時下決心的勇氣，並不弱於拿破崙越過阿爾卑斯山時的決心。」小人物也有一顆七巧玲瓏之心。一滴水可見太陽，一個人的生存狀態是諸多複雜人際關係的總和。真實地寫出一個人的生存狀況，也就寫出了他賴以生存的全部複雜時代背景和社會風貌。正是在這一點上，也許將來的史學家們，還得靠那些「識小」的不賢者們所記錄下的小人物身上的細節，去尋找已經逝去的時代特徵。

　　與著意於研究叱吒風雲的人物和驚心動魄的事件的傳統史學觀不同，現代人的史學觀越來越注重普通人的日常習俗和由生存環境形成的社會集體潛意識。這才是歷史中最重要、最持久的因素。小人物的日常生活成為研究歷史的珍貴史料，在現代人的觀念中重新獲得意義。我想，小人物的「日常生活」，大概終有一天會由「稗史」成為「正史」。這種轉變，是歷史觀的重大變化。這些現在看來原汁原味的「原始材料」，也許將來有一天，某個歷史的研究者，突然間從故紙堆裏，像發現埋藏在地層深處的「煤層」一樣，感受到昔日生命活動的跡象。這大概對研究這個「以權力改寫歷史」的時期，還原歷史的真相不無裨益。

　　近些年來，不斷有人發出「重寫文學史」的呼喚，當代文學史已讓主流傳媒的「春秋筆法」搞得支離破碎、面目全非。而更有一批背離主流話語的「異數」、「異類」，被刻意遮蔽。不言而喻，在當代中國的語境下，誰的故事得以傳播、誰的故事不得以傳播，是需要經過意識形態的「社會篩檢程序」的篩選。許多傳記作家，總喜歡用關注的目光盯住那些當代的「風雲人物」，殊不知這些所謂的風雲人物，是很容易變為「過眼雲煙」的。「古來聖賢皆寂寞，唯有飲者留其名」，當淡化了那些當前利益、當代價值之後，歷史的鑒別眼光與當代的鑒別眼光總是會有所不同的。那些青史流芳的人物，往往並非世俗眼光中的成功者。與這一主流意識形態不同，我更願意去拷問成敗背後的價值問題，更願意用自己的一支拙筆，去挖掘那些被當代主流話語所淹沒、所忽略的文學史上的「失蹤者」，也許他們的名聲現在並不顯赫，但在他們身上，卻反映出當代文學史的某些本質性的特點、特徵，或具有某一方面的典型性。

文學史無疑是由文學家構成的。正是一個個具有鮮明個性和特點的文學家的文學活動，才構成一部鮮活的文學史。

在中國這樣的特定語境中，作家的想像力可以說是蒼白的。只有你想像力難以企及的真實，而絕無超越真實的想像。那些富於想像力的小說家們，過分自信自己能夠構造出一個高於生活的「藝術真實」，然而他忽略了一個基本事實：歷史進程的方向，從來不會以任何天才的精心構想而轉軌，它是以無數人的聰明才智（這是一種爭奪生存空間而由本能所激發出來的能量），無數用力方向，相輔相成，抵觸消解，陰錯陽差，最後由合力所綜合形成的一個生存真實。周宗奇人生經歷中的痛苦、困惑、掙扎、得失，已經向我們揭示出：人生道路的設計不是任何個人的「一廂情願」，這個「真實」到最後一刻仍充滿變數，仍使任何天才、「伯樂」始料不及、跌破眼鏡。正是在這一前提下，我們借助於紀實手段所發掘出來的，不是個人而是整個極權社會的深層潛意識。大概這也正是寫出「真實」的價值所在。寫出一個小人物的意義所在。

正是基於上述觀點，我撰寫了《最是文人不自由——周宗奇叛逆性格寫真》一書。

國家圖書館出版品預行編目

最是文人不自由——周宗奇叛逆性格寫真 / 陳為
人著. -- 一版. -- 臺北市：秀威資訊科技，
2009.05
　　面；　公分. -- (史地傳記類；PC0082)
BOD版

ISBN 978-986-221-221-9(平裝)

1. 周宗奇 2. 傳記 3.中國

782.887　　　　　　　　　　98006843

史地傳記類　PC0082

最是文人不自由
——周宗奇叛逆性格寫真

作　　　　者 / 陳為人
發　行　　人 / 宋政坤
主　　　　編 / 蔡登山
執 行 編 輯 / 詹靚秋
圖 文 排 版 / 黃莉珊
封 面 設 計 / 蕭玉蘋
數 位 轉 譯 / 徐真玉　沈裕閔
圖 書 銷 售 / 林怡君
法 律 顧 問 / 毛國樑　律師
出 版 印 製 / 秀威資訊科技股份有限公司
　　　　　　台北市內湖區瑞光路583巷25號1樓
　　　　　　電話：02-2657-9211　傳真：02-2657-9106
　　　　　　E-mail：service@showwe.com.tw
經　銷　　商 / 紅螞蟻圖書有限公司
　　　　　　台北市內湖區舊宗路二段121巷28、32號4樓
　　　　　　電話：02-2795-3656　傳真：02-2795-4100
　　　　　　http://www.e-redant.com

2009 年 5 月　BOD 一版
定價：290 元

讀 者 回 函 卡

感謝您購買本書，為提升服務品質，煩請填寫以下問卷，收到您的寶貴意見後，我們會仔細收藏記錄並回贈紀念品，謝謝！

1. 您購買的書名：＿＿＿＿＿＿＿＿＿＿＿＿＿＿＿＿＿＿＿

2. 您從何得知本書的消息？

　　□網路書店　□部落格　□資料庫搜尋　□書訊　□電子報　□書店

　　□平面媒體　□ 朋友推薦　□網站推薦 □其他＿＿＿＿＿＿

3. 您對本書的評價：(請填代號　1.非常滿意 2.滿意 3.尚可 4.再改進)

　　封面設計＿＿＿　版面編排＿＿＿　內容＿＿＿　文/譯筆＿＿＿　價格＿＿＿

4. 讀完書後您覺得：

　　□很有收獲　□有收獲　□收獲不多　□沒收獲

5. 您會推薦本書給朋友嗎？

　　□會　□不會，為什麼？＿＿＿＿＿＿＿＿＿＿＿＿＿＿＿＿＿

6. 其他寶貴的意見：＿＿＿＿＿＿＿＿＿＿＿＿＿＿＿＿＿＿＿

＿＿＿＿＿＿＿＿＿＿＿＿＿＿＿＿＿＿＿＿＿＿＿＿＿＿＿＿＿

＿＿＿＿＿＿＿＿＿＿＿＿＿＿＿＿＿＿＿＿＿＿＿＿＿＿＿＿＿

＿＿＿＿＿＿＿＿＿＿＿＿＿＿＿＿＿＿＿＿＿＿＿＿＿＿＿＿＿

讀者基本資料

姓名：＿＿＿＿＿＿＿＿＿　年齡：＿＿＿＿　性別：□女 □男

聯絡電話：＿＿＿＿＿＿＿　E-mail：＿＿＿＿＿＿＿＿＿＿＿

地址：＿＿＿＿＿＿＿＿＿＿＿＿＿＿＿＿＿＿＿＿＿＿＿＿＿＿

學歷：□高中(含)以下　　□高中　□專科學校　□大學

　　　□研究所(含)以上 □其他＿＿＿＿＿＿＿＿

職業：□製造業 □金融業 □資訊業 □軍警 □傳播業 □自由業

　　　□服務業 □公務員 □教職　□學生 □其他＿＿＿＿＿